Statistiques de l'impôt sur les sociétés 2023

OCDE
DES POLITIQUES MEILLEURES
POUR UNE VIE MEILLEURE

Merci de citer cet ouvrage comme suit :
OCDE (2024), *Statistiques de l'impôt sur les sociétés 2023*, Éditions OCDE, Paris, https://doi.org/10.1787/17005f65-fr.

ISBN 978-92-64-35863-8 (imprimé)
ISBN 978-92-64-73612-2 (PDF)
ISBN 978-92-64-37170-5 (HTML)
ISBN 978-92-64-54478-9 (epub)

Statistiques de l'impôt sur les sociétés
ISSN 2958-7344 (imprimé)
ISSN 2958-7352 (en ligne)

Crédits photo : Couverture © Shutterstock.com.

Les corrigenda des publications sont disponibles sur : www.oecd.org/fr/apropos/editionsocde/corrigendadepublicationsdelocde.htm.

Avant-propos

Ce rapport constitue la 5e édition de la série *Statistiques de l'impôt sur les sociétés*, publication annuelle qui rassemble des informations sur la fiscalité des entreprises et les pratiques d'érosion de la base d'imposition et de transfert de bénéfices (BEPS) auxquelles les chercheurs et les responsables de l'action publique spécialistes de la politique fiscale n'avaient pas accès auparavant. On y trouve notamment des données sur les taux et les recettes de l'impôt sur les bénéfices des sociétés, les taux effectifs d'imposition, les incitations fiscales en faveur de la recherche et développement (R-D) et de l'innovation et les retenues à la source. Le rapport présente aussi des statistiques anonymisées et agrégées établies à partir des déclarations pays par pays qui fournissent une vue d'ensemble des activités économiques et fiscales mondiales de milliers de groupes d'entreprises multinationales menant leurs activités à travers le monde. Le rapport *Statistiques de l'impôt sur les sociétés* s'inscrit dans la continuité du projet BEPS de l'OCDE et du G20 et des 15 actions définies dans ce cadre en 2015 pour lutter contre l'évasion fiscale. L'Action 11 du BEPS soulignait que le manque de données de qualité sur la fiscalité des entreprises limitait considérablement le travail de mesure et de suivi du phénomène BEPS et des retombées des mesures adoptées dans le cadre du projet OCDE/G20 sur le BEPS.

Le rapport est structuré de la manière suivante : le chapitre 1 présente une comparaison internationale des recettes fiscales dans les pays de l'OCDE, d'Amérique latine et des Caraïbes (ALC), d'Afrique, et de la région Asie-Pacifique. Le chapitre 2 contient des informations sur les taux nominaux d'imposition auxquels les entreprises sont soumises et qui permettent de comparer ces taux normaux d'imposition entre juridictions ainsi que leur évolution dans le temps. Le chapitre 3 présente les taux effectifs d'imposition (TEI) « prospectifs », des indicateurs synthétiques de la politique fiscale calculés à partir d'informations sur les règles de politique fiscale propres à chaque juridiction qui permettent d'évaluer l'impact de la fiscalité sur le rendement d'un projet d'investissement hypothétique. Le chapitre 4 analyse plusieurs indicateurs relatifs aux incitations fiscales en faveur de la R-D qui apportent un éclairage supplémentaire par rapport aux TEI normaux dont traite le chapitre 3, en mettant l'accent sur les aides fiscales accordées sous la forme d'incitations fiscales appliquées aux dépenses de R-D.

Le chapitre 5 contient des informations sur le nombre de juridictions qui mettent en œuvre l'Action 13 du BEPS, l'un des résultats du Projet BEPS OCDE/G20. La déclaration pays par pays a été mise en place dans le cadre de l'Action 13 du BEPS pour aider les juridictions à combattre les pratiques de BEPS. Le chapitre 5 présente également une vue d'ensemble des données agrégées et anonymisées issues des déclarations pays par pays, y compris des informations générales sur les données, les limites inhérentes aux données figurant dans les déclarations pays par pays et certaines observations d'ordre général issues des déclarations pays par pays. Le chapitre 6 contient des informations sur les régimes de propriété intellectuelle (PI). Le chapitre 7 présente des informations sur les taux normaux et conventionnels des retenues à la source qui sont prélevées sur les entreprises lorsqu'elles effectuent des paiements à d'autres entités ou à des personnes physiques, nationales ou étrangères, par exemple sous la forme de dividendes, d'intérêts et de redevances.

Cette publication a été préparée dans le cadre du Groupe de travail nº 2 sur l'analyse des politiques et les statistiques fiscales du Cadre inclusif sur le BEPS. Les auteurs souhaitent remercier les délégués du

Groupe de travail nº 2 pour le temps qu'ils ont consacré à la préparation des statistiques en vue de leur publication. La publication est dirigée par Ruairi Sugrue, sous la supervision de Pierce O'Reilly. Les chapitres 1 et 2 ont été rédigés par Ruairi Sugrue, les chapitres 3 et 4 par Clara Gascon, Idann Gidron et Ana Cinta Gonzalez Cabral, avec la contribution de Silvia Appelt et Fernando Galindo-Rueda, le chapitre 5 par Ruairi Sugrue, Felix Hugger et Idann Gidron, le chapitre 6 par Ruairi Sugrue avec le concours de Jessica De Vries et du Forum sur les pratiques fiscales dommageables (FHTP), et les chapitres 8 et 9 par Clara Gascon, Idann Gidron, Pierce O'Reilly et Ruairi Sugrue.

Table des matières

GRAPHIQUES

TABLEAUX

Guide du lecteur

Vue d'ensemble

Pour l'édition 2023 de la Base de données *Statistiques de l'impôt sur les sociétés,* l'OCDE a travaillé en étroite collaboration avec les membres du Cadre inclusif (CI) sur l'érosion de la base d'imposition et le transfert de bénéfices (BEPS), ainsi qu'avec d'autres juridictions désireuses de prendre part au recueil et à la compilation de statistiques relatives à la fiscalité des entreprises.

Cette base de données vise à faciliter l'analyse de la fiscalité des entreprises et à accroître la qualité et la ventilation des données disponibles pour étudier le phénomène d'érosion de la base d'imposition et de transfert de bénéfices. Le rapport final de 2015 sur l'Action 11, intitulé *Mesurer et suivre les données relatives au BEPS*, soulignait que le manque de données de qualité disponibles sur la fiscalité des entreprises limitait considérablement ce travail de mesure et de suivi du phénomène BEPS et des retombées du Projet OCDE/G20 sur le BEPS. Cette base de données ne présente pas seulement un intérêt pour les responsables de l'action publique du point de vue du BEPS : sa portée va bien au-delà. De façon plus générale, l'importance des systèmes d'imposition des sociétés se mesure aux recettes qu'ils permettent de mobiliser et aux incitations en faveur de l'innovation et de l'investissement qu'ils créent. La *Base de données des statistiques de l'impôt sur les sociétés*[1] réunit un éventail d'informations précieuses permettant d'étayer l'analyse de la fiscalité des entreprises en général, et des pratiques de BEPS en particulier.

La base de données compile de nouvelles données, ainsi que des statistiques provenant de divers ensembles de données déjà détenus par l'OCDE. Cette quatrième édition s'articule autour des catégories suivantes :

- recettes de l'impôt sur les sociétés ;
- taux légaux d'imposition des sociétés ;
- taux effectifs d'imposition des sociétés ;
- incitations fiscales en faveur de la recherche et du développement ;
- mise en œuvre de l'Action 13 ;
- statistiques anonymisées et agrégées issues des déclarations pays par pays ;
- régimes de propriété intellectuelle ;
- taux des retenues à la source ;
- conventions fiscales bilatérales.

Encadré 1. La base de données des statistiques de l'impôt sur les sociétés

Recettes de l'impôt sur les sociétés :

- données issues de la Base de données mondiale des statistiques des recettes publiques de l'OCDE[1]
- 120 juridictions couvertes sur la période 1965-2020 pour les pays membres de l'OCDE et 1990-2020 pour les non-membres

Taux légaux d'imposition des sociétés :

- Intégralité des juridictions membres du CI couvertes sur la période 2000-2023

Taux conventionnels des retenues à la source :

- 119 juridictions couvertes sur la période 2022-2023

Taux effectifs d'imposition des sociétés :

- 77 juridictions couvertes sur la période 2017-2022

Incitations fiscales en faveur de la R-D :

- deux indicateurs mis au point par le Centre de politique et d'administration fiscales et la Direction de la science, de la technologie et de l'innovation de l'OCDE
    - 48 juridictions couvertes sur la période 2019-2022 (traitement fiscal préférentiel applicable à la R-D mesuré sur la base des taux moyens effectifs d'imposition et du coût du capital pour la R-D)
- données provenant de la Base de données sur les incitations fiscales en faveur des activités de recherche et développement[2] produite par la Direction de la science, de la technologie et de l'innovation de l'OCDE
    - 49 juridictions couvertes sur la période 2000-20 (incitations fiscales et soutien direct des pouvoirs publics en pourcentage des dépenses de R-D)
    - 49 juridictions couvertes sur la période 2000-22 (taux implicites de subvention fiscale aux dépenses de R-D, calculés à partir de l'indice B)

Mise en œuvre de l'Action 13 :

- informations sur la mise en œuvre du standard minimum relatif à la déclaration pays par pays

Statistiques agrégées et anonymisées issues des déclarations pays par pays

- les données proviennent des statistiques anonymisées et agrégées issues des déclarations pays par pays, établies par les membres du Cadre inclusif et transmises à l'OCDE
- 52 juridictions couvertes sur la période 2016-2020

Régimes de propriété intellectuelle (PI) :

- données se rapportant à la période 2018-23 collectées par le Forum de l'OCDE sur les pratiques fiscales dommageables
- 61 régimes couverts dans 46 juridictions pour 2023

Notes :

1. https://www.oecd.org/fr/fiscalite/politiques-fiscales/base-de-donnees-mondiale-des-statistiques-des-recettes-publiques.htm.
2. https://www.oecd.org/fr/innovation/incitations-fiscales-RD-innovation/.

Abréviations et acronymes

ALC	Amérique latine et Caraïbes
BEPS	Érosion de la base d'imposition et transfert de bénéfices
CI	Cadre inclusif sur le BEPS
DIRDE	Dépenses intérieures de R-D des entreprises
EMN	Entreprise multinationale
EMU	Entité mère ultime
FHTP	Forum sur les pratiques fiscales dommageables
ICAP	Programme international pour le respect des obligations fiscales
IDE	Investissement direct étranger
IS	Impôt sur les bénéfices des sociétés
PI	Propriété intellectuelle
PIB	Produit intérieur brut
PME	Petites et moyennes entreprises
R-D	Recherche et développement
TEI	Taux effectif d'imposition
TIEM	Taux d'imposition effectifs moyens
TMIE	Taux marginaux d'imposition effectifs
TREAT	Outil d'évaluation et d'assurance des risques fiscaux
VAN	Valeur actuelle nette

Tableau 1.1. Noms et codes ISO des juridictions couvertes

Code ISO	Nom	Code ISO	Nom	Code ISO	Nom
ALB	Albanie	GAB	Gabon	MUS	Maurice
ABW	Aruba	GBR	Royaume-Uni	MWI	Malawi
AGO	Angola	GEO	Géorgie	MYS	Malaisie
AIA	Anguilla	GGY	Guernesey	NAM	Namibie
AND	Andorre	GHA	Ghana	NER	Niger
ARE	Émirats arabes unis	GIB	Gibraltar	NGA	Nigéria
ARG	Argentine	GNQ	Guinée équatoriale	NIC	Nicaragua
ARM	Arménie	GRC	Grèce	NLD	Pays-Bas
ATG	Antigua-et-Barbuda	GRD	Grenade	NOR	Norvège
AUS	Australie	GRL	Groenland	NRU	Nauru
AUT	Autriche	GTM	Guatemala	NZL	Nouvelle-Zélande
AZE	Azerbaïdjan	GUY	Guyana	OMN	Oman
BEL	Belgique	HKG	Hong Kong, Chine	PAK	Pakistan
BEN	Bénin	HND	Honduras	PAN	Panama
BFA	Burkina Faso	HRV	Croatie	PER	Pérou
BGD	Bangladesh	HTI	Haïti	PHL	Philippines
BGR	Bulgarie	HUN	Hongrie	PNG	Papouasie-Nouvelle-Guinée
BHR	Bahreïn	IDN	Indonésie	POL	Pologne
BHS	Bahamas	IMN	Île de Man	PRT	Portugal
BIH	Bosnie-Herzégovine	IND	Inde	PRY	Paraguay
BLZ	Belize	IRL	Irlande	QAT	Qatar
BMU	Bermudes	ISL	Islande	ROU	Roumanie
BOL	État plurinational de Bolivie	ISR	Israël	RWA	Rwanda
BRA	Brésil	ITA	Italie	SAU	Arabie saoudite
BRB	Barbade	JAM	Jamaïque	SEN	Sénégal
BRN	Brunei Darussalam	JEY	Jersey	SGP	Singapour
BTN	Bhoutan	JOR	Jordanie	SLB	Îles Salomon
BWA	Botswana	JPN	Japon	SLE	Sierra Leone
CAN	Canada	KAZ	Kazakhstan	SLV	El Salvador
CHE	Suisse	KEN	Kenya	SMR	Saint-Marin
CHL	Chili	KGZ	Kirghizistan	SRB	Serbie
CHN	Chine	KHM	Cambodge	SVK	République slovaque
CIV	Côte d'Ivoire	KNA	Saint-Kitts-et-Nevis	SVN	Slovénie
CMR	Cameroun	KOR	Corée	SWE	Suède
COD	République démocratique du Congo	LAO	République démocratique populaire lao	SWZ	Eswatini
COG	République du Congo	LBR	Libéria	SYC	Seychelles
COK	Îles Cook	LCA	Sainte-Lucie	TCA	Îles Turques et Caïques
COL	Colombie	LIE	Liechtenstein	TCD	Tchad
CPV	Cabo Verde	LKA	Sri Lanka	TGO	Togo
CRI	Costa Rica	LSO	Lesotho	THA	Thaïlande
CUB	Cuba	LTU	Lituanie	TKL	Tokélaou

CUW	Curaçao	LUX	Luxembourg	TTO	Trinité-et-Tobago
CYM	Îles Caïmanes	LVA	Lettonie	TUN	Tunisie
CZE	Tchéquie	MAC	Macao, Chine	TUR	Türkiye
DEU	Allemagne	MAR	Maroc	UGA	Ouganda
DJI	Djibouti	MCO	Monaco	UKR	Ukraine
DMA	Dominique	MDG	Madagascar	URY	Uruguay
DNK	Danemark	MDV	Maldives	USA	États-Unis
DOM	République dominicaine	MEX	Mexique	UZB	Ouzbékistan
EGY	Égypte	MKD	Macédoine du Nord	VCT	Saint-Vincent-et-Grenadines
ESP	Espagne	MLI	Mali	VGB	Îles Vierges britanniques
EST	Estonie	MLT	Malte	VNM	Viet Nam
FIN	Finlande	MNE	Monténégro	VUT	Vanuatu
FJI	Fidji	MNG	Mongolie	WSM	Samoa
FRA	France	MRT	Mauritanie	ZAF	Afrique du Sud
FRO	Îles Féroé	MSR	Montserrat	ZMB	Zambie

Résumé

Statistiques de l'impôt sur les sociétés **est une publication annuelle qui vise à faciliter l'analyse de la fiscalité des entreprises et à accroître la qualité et la quantité des données disponibles pour l'analyse du phénomène d'érosion de la base d'imposition et de transfert de bénéfices (BEPS).** Elle contient des données sur les taux et les recettes de l'impôt sur les bénéfices des sociétés, les taux effectifs d'imposition, les incitations fiscales en faveur de la recherche et du développement (R-D) et de l'innovation, les taux des retenues à la source, les régimes de la propriété intellectuelle (PI) et les conventions fiscales. Elle comprend aussi des statistiques anonymisées et agrégées établies à partir des déclarations pays par pays qui fournissent une vue d'ensemble de l'activité mondiale de milliers de groupes d'entreprises multinationales tant sur le plan économique que fiscal.

De nouvelles données sont venues enrichir la publication de cette année. Ainsi, cette édition contient deux années supplémentaires de données issues des déclarations pays par pays, ce qui en améliore l'actualité. Elle livre également des informations nouvelles sur les bénéfices faiblement imposés au niveau mondial, grâce à l'enrichissement du tableau 5 de la déclaration pays par pays. Une nouvelle base de données des conventions fiscales est également présentée pour la première fois, et les données relatives aux taux légaux d'imposition ont été sensiblement étoffées. Les principales conclusions à retenir sont les suivantes :

- **Les recettes de l'impôt sur les sociétés continuent d'apporter une contribution importante au total des recettes fiscales des juridictions.** En 2020, la part de l'impôt sur les sociétés dans le total des recettes fiscales a atteint 15.1 % en moyenne dans les 116 juridictions pour lesquelles on dispose d'informations sur les recettes de l'impôt sur les sociétés dans la base de données, et le niveau moyen de ces recettes, exprimé en pourcentage du produit intérieur brut (PIB), s'est établi à 3.0 %.
- **Les résultats signalent une stabilisation des taux d'imposition des sociétés au cours des dernières années.** Les taux légaux de l'impôt sur les bénéfices des sociétés sont restés stables entre 2021 et 2023, rompant avec la baisse tendancielle constatée au cours des deux dernières décennies, encore que les taux soient toujours bien inférieurs à leurs moyennes historiques. En moyenne, le taux légal combiné de l'impôt sur les sociétés (administrations centrales et administrations infranationales) perçu dans les 141 juridictions membres du Cadre inclusif a fortement baissé, passant de 28.1 % en 2000 à 21.3 % en 2020. Toutefois, il s'est maintenu à 21.1 % en 2021, 2022 et 2023.
- **Néanmoins, le taux d'imposition effectif moyen (TIEM) a poursuivi sa lente érosion ces dernières années.** Si l'on observe l'évolution du TIEM composite entre 2017 et 2022, on s'aperçoit que la moyenne non pondérée du TIEM composite a diminué régulièrement (-1.5 point), passant de 21.7 % en 2017 à 20.2 % en 2022.
- On pourrait voir dans la stabilisation des subventions fiscales accordées aux investissements dans la R-D ces dernières années un signe de stabilisation des taux d'imposition des sociétés. Bien que les incitations en faveur de la R-D puissent constituer un puissant levier d'action fiscal à l'appui des activités de R-D et d'innovation, elles sont aussi fréquemment perçues comme un moyen

d'attirer des investissements dans des actifs incorporels mobiles pouvant être soumis à d'intenses pressions concurrentielles. Les subventions fiscales en faveur de la R-D ont ralenti ces dernières années, réduisant en moyenne les TIEM pour la R-D de 34.8 % en 2020, 35.3 % en 2021 et 34.7 % en 2022.

- **Les données issues des déclarations pays par pays réunies cette année améliorent sensiblement l'actualité des séries.** Les jeux de données anonymisées et agrégées issues des déclarations pays par pays diffusés en 2023 couvrent deux années de données (exercices 2019 et 2020), ce qui améliore considérablement l'actualité des informations provenant de ces déclarations. Ils comprennent des données agrégées sur les activités de près de 7 600 entreprises multinationales (EMN) dans le monde.
- Les données révèlent toujours l'existence de pratiques d'érosion de la base d'imposition et de transfert de bénéfices, soulignant l'importance de mettre en œuvre l'accord fiscal international. Les informations relatives aux exercices 2019 et 2020 font apparaître qu'il existe toujours un décalage entre le lieu où les bénéfices sont déclarés et le lieu où les activités économiques sont exercées. Les nouvelles données issues des déclarations pays par pays révèlent que la valeur médiane des recettes par salarié dans les centres d'investissement s'établit à 1 710 kUSD, contre seulement 290 kUSD pour l'ensemble des autres juridictions. Bien que ces effets puissent s'expliquer en partie par des considérations commerciales, ils attestent vraisemblablement aussi de l'existence de pratiques de BEPS.
- **Le rapport contient de nouvelles données sur les bénéfices faiblement imposés à l'échelle mondiale.** Pour la première fois, le rapport comporte une ventilation par juridiction des bénéfices faiblement imposés des EMN (à savoir les bénéfices soumis à un taux effectif d'imposition inférieur à 15 %) ayant leur siège dans certaines juridictions. Bien que toutes les juridictions ne soient pas en mesure de communiquer cette ventilation pour des questions de confidentialité, les données disponibles révèlent l'existence de bénéfices faiblement imposés dans les juridictions à faible niveau d'imposition comme dans celles à niveau élevé d'imposition, car plus de la moitié des bénéfices faiblement imposés proviennent de juridictions appliquant des taux effectifs d'imposition (TEI) moyens supérieurs à 15 %.
- **La plupart des régimes de la PI couverts par la base de données ont été jugés non dommageables par le Forum de l'OCDE sur les pratiques fiscales dommageables.** Conformément au processus d'examen par les pairs établi par l'Action 5, le Forum de l'OCDE sur les pratiques fiscales dommageables a recensé 61 régimes de PI en place dans 46 juridictions différentes en 2023. Quarante-trois régimes au total ont été jugés non dommageables, dont 26 après avoir été modifiés pour tenir compte du standard minimum de l'Action 5.
- **L'édition 2023 des *Statistiques de l'impôt sur les sociétés* continue d'étoffer sensiblement les données disponibles pour étudier l'activité des EMN.** Outre les nouvelles données issues des déclarations pays par pays, l'édition de cette année contient la deuxième série de statistiques sur les taux des retenues à la source, et le périmètre des séries sur les taux effectifs d'imposition et les taux légaux d'imposition est considérablement élargi. Le jeu de données renseigne sur les taux des retenues frappant les dividendes, les intérêts et les redevances applicables au titre de l'exercice 2023. De même, il contient pour la première fois des données relatives aux taux des retenues à la source prévus par les conventions fiscales, poursuivant en cela l'enrichissement des statistiques de l'impôt sur les sociétés afin de fournir un matériau complémentaire aux chercheurs comme aux responsables de l'action publique.

Note

[1] www.oecd.org/fr/fiscalite/beps/base-de-donnees-statistiques-de-l-impot-sur-les-societes.htm.

1 Recettes de l'impôt sur les sociétés

Informations clés

- En 2020, les recettes de l'impôt sur les sociétés ont représenté en moyenne 15.1 % du total des recettes fiscales et 3.0 % du PIB dans les 116 juridictions pour lesquelles on dispose d'informations sur les recettes de l'impôt sur les sociétés.
- Le niveau de l'impôt sur les sociétés, exprimé en pourcentage du total des recettes fiscales et du PIB, varie selon les groupements de juridictions. En 2020, la part de cet impôt dans le total des recettes fiscales était, en moyenne, plus élevée en Afrique (19.3 % dans les 30 juridictions couvertes), en Asie-Pacifique (18.8 % dans les 29 juridictions) et en Amérique latine et dans les Caraïbes (15.6 % dans les 27 juridictions couvertes) que dans la zone OCDE (9.0 %). En proportion du PIB, la région où leur niveau était le plus élevé est la région ALC (3.4 % pour les 27 juridictions couvertes), suivie de la région Asie-Pacifique (3.1 %, 29 juridictions), de l'Afrique (3,1 %, 30 juridictions) et de la zone OCDE (2.8 %).
- En 2020, l'impôt sur les sociétés a représenté plus d'un quart du total des recettes fiscales dans 15 juridictions: le Bhoutan, l'Égypte, la Guinée équatoriale, le Ghana, la Guyane, l'Indonésie, le Kazakhstan, le Liechtenstein, la Malaisie, les Maldives, la Namibie, le Nigéria, le Tchad, Singapour et Trinité-et-Tobago.
- Les recettes de l'impôt sur les sociétés varient en fonction du cycle économique. Au cours de la période 2000-20, en moyenne, le niveau de ces recettes en pourcentage du PIB a culminé en 2008 (3.5 %) avant de reculer en 2009 et en 2010 (3.1 % et 3.1 % respectivement) sous l'effet la crise économique et financière mondiale de 2008.

Les données relatives aux recettes de l'impôt sur les sociétés (IS) peuvent être utilisées pour effectuer des comparaisons entre juridictions et suivre les évolutions dans le temps. Les données présentées dans la base de données Statistiques de l'IS sont tirées de la Base de données mondiale des statistiques des recettes publiques de l'OCDE et permettent d'effectuer des comparaisons entre les juridictions et de déterminer le niveau moyen des recettes de l'IS dans l'ensemble de la zone OCDE, en Amérique latine et dans les Caraïbes (ALC), en Afrique et dans la région Asie-Pacifique[1].

La *Base de données des statistiques de l'impôt sur les sociétés* inclut quatre indicateurs des recettes de l'impôt sur les sociétés :

- le niveau des recettes de l'impôt sur les sociétés en monnaie nationale ;
- le niveau des recettes de l'impôt sur les sociétés en USD ;
- les recettes de l'impôt sur les sociétés en pourcentage du total des recettes fiscales ;
- le niveau des recettes de l'impôt sur les sociétés exprimé en pourcentage du produit intérieur brut (PIB).

Ces données sont issues de la base de données mondiale des statistiques des recettes publiques de l'OCDE, laquelle présente des données détaillées et comparables au niveau international sur les recettes fiscales. La classification des impôts et la méthodologie sont décrites en détail dans le Guide d'interprétation des Statistiques des recettes publiques de l'OCDE.

Évolution des recettes de l'impôt sur les sociétés

Les données provenant de la base de données *Statistiques de l'impôt sur les sociétés* de l'OCDE font apparaître une légère progression entre 2000 et 2019 du niveau moyen des recettes de l'impôt sur les sociétés, exprimé en pourcentage du total des recettes fiscales comme en pourcentage du PIB, dans les 116 juridictions pour lesquelles on dispose de données[2]. La part moyenne de l'impôt sur les sociétés dans le total des recettes fiscales est ainsi passée de 12.6 % en 2000 à 15.1 % en 2020, et le niveau moyen de ces recettes rapporté au PIB a progressé de 2.6 % en 2000 à 3.0 % en 2020.

Ces deux indicateurs ont connu une évolution très similaire entre 2000 et 2019 (Graphique 1.1.). Le niveau des recettes de l'IS exprimé en pourcentage du total des recettes fiscales comme en pourcentage du PIB a culminé en 2008, avant de plonger en 2009 et en 2010 sous l'effet de la crise économique et financière mondiale. Malgré un redressement après 2010, les moyennes non pondérées ont baissé en 2014, 2015 et 2016 dans l'ensemble des 116 juridictions pour lesquelles on dispose de données. Elles se sont légèrement redressées en 2017 et en 2018 en raison des hausses observées dans un grand nombre de juridictions. Ces deux années de hausse ont été suivies d'un léger repli des deux indicateurs en 2019, cependant qu'en 2020, le niveau moyen des recettes de l'IS, exprimé en pourcentage du total des recettes fiscales a légèrement augmenté, tandis qu'en proportion du PIB, il a continué de diminuer.

Graphique 1.1. Niveau moyen des recettes de l'impôt sur les sociétés, exprimé en pourcentage du total des recettes fiscales et en pourcentage du PIB

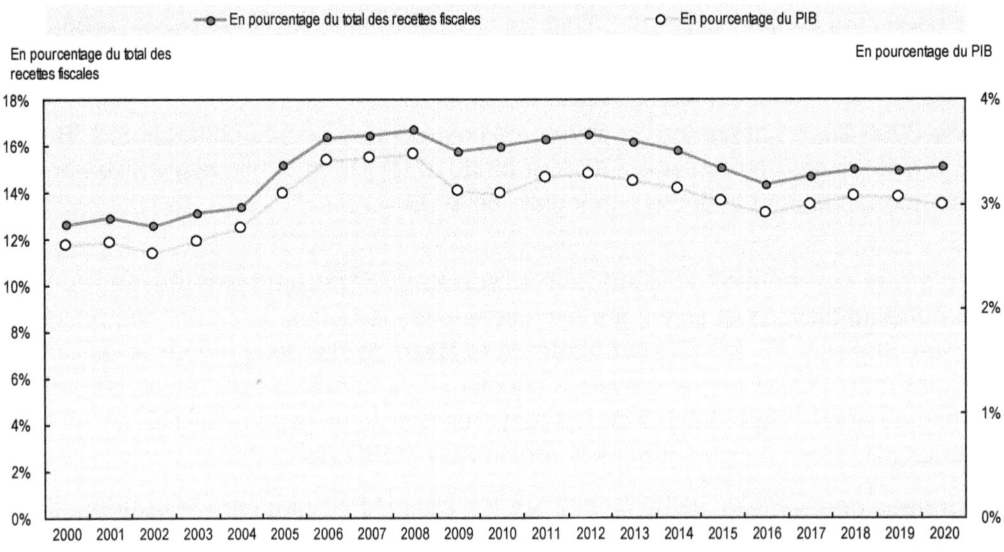

StatLink https://stat.link/1y38cd

Ces moyennes masquent des différences considérables entre juridictions (Graphique 1.2.). En 2020, la part de l'IS dans le total des recettes fiscales variait fortement d'une juridiction à l'autre. L'impôt sur les sociétés a représenté plus d'un quart du total des recettes fiscales au Bhoutan, au Tchad, en Égypte, en Guinée équatoriale, au Ghana, au Guyana, en Indonésie, au Kazakhstan, au Liechtenstein, en Malaisie, aux Maldives, en Namibie, au Nigéria, à Singapour et à Trinité-et-Tobago. Au Bhoutan, en Guinée équatoriale et au Tchad, sa part dépassait les 40 %. À l'inverse, dans certaines juridictions, comme l'Allemagne, les Bahamas, l'Estonie, les États-Unis, la Grèce, la Hongrie, l'Italie, la Lettonie, Nauru, les

Tokélaou et le Vanuatu[3], l'impôt sur les sociétés contribuait à hauteur de moins de 5 % au total des recettes fiscales. Ces écarts s'expliquent dans la plupart des cas par des différences concernant le montant des autres impôts prélevés.

En 2020, la part moyenne de l'impôt sur les sociétés dans le total des recettes fiscales a également varié entre la zone OCDE et les groupements régionaux (ALC, Asie-Pacifique et Afrique). C'est la zone OCDE qui a affiché la moyenne la plus faible (9.0 %), suivie de la région ALC (15.6 %, 27 juridictions), de la région Asie-Pacifique (18.8 %, 29 juridictions) et de l'Afrique (19.3 %, 30 juridictions) en 2020.

Ces différences sont en partie imputables à l'hétérogénéité des taux légaux d'imposition, qui varient aussi considérablement d'une juridiction à l'autre. Elles peuvent également être le résultat de facteurs institutionnels ou propres aux pays, tels que :

- la proportion des entreprises constituées en société ;
- l'ampleur de la base d'imposition des bénéfices des sociétés ;
- la phase dans laquelle se situe le cycle économique, et le degré de cyclicité du système d'imposition des sociétés (lié par exemple, à la générosité des dispositions relatives à la compensation des pertes) ;
- le poids plus ou moins grand des autres formes d'imposition, comme les impôts sur le revenu des personnes physiques et sur la consommation ;
- le poids plus ou moins grand des recettes fiscales liées à l'exploitation des ressources naturelles ;
- l'existence d'autres instruments permettant de différer l'imposition de bénéfices.

D'une manière générale, les variations de la part de l'impôt sur les sociétés dans le total des recettes fiscales ne doivent pas amener à conclure à l'existence de pratiques de BEPS, car si le transfert de bénéfices peut avoir une incidence à la marge, de nombreux autres facteurs jouent un rôle plus décisif.

Recettes de l'impôt sur les sociétés exprimées en pourcentage du PIB

La part des recettes de l'impôt sur les sociétés en pourcentage du PIB varie également selon les juridictions. En 2020, elle se situait entre 2 % et 5 % dans une majorité des 116 juridictions couvertes (Graphique 1.3.). Elle était plus élevée dans un petit nombre de juridictions, dépassant 5 % dans 12 juridictions, mais était inférieure à 2 % dans 29 autres.

En 2020, la moyenne de la zone OCDE et celle de l'Afrique (30) étaient similaires — 2.9 % et 2.8 % du PIB respectivement. Les moyennes des régions Asie-Pacifique (29) et ALC (27) étaient plus élevées (3.1 % et 3.4 %).

La variation de ce ratio d'une juridiction à l'autre est imputable à des facteurs similaires à ceux qui expliquent les écarts constatés en part des recettes fiscales totales — l'hétérogénéité des taux légaux d'imposition et la proportion des entreprises constituées en société, par exemple. Le poids total de la fiscalité par rapport au PIB doit également être pris en compte. À titre d'exemple, dans les 30 juridictions africaines examinées, l'écart entre la proportion relativement élevée de l'IS dans le total des recettes fiscales et la part relativement modeste de cet impôt dans le PIB traduit le faible poids des prélèvements dans le PIB (16.0 % en moyenne) de ces juridictions. La part des recettes fiscales dans le PIB est presque identique dans les 27 juridictions de la région ALC (20.9 % en moyenne), dans les 29 juridictions de la région Asie-Pacifique (19.1 % en moyenne) et dans la zone OCDE (33.6 % en moyenne). Quelle que soit la juridiction considérée, un ratio impôt/PIB faible peut s'expliquer par des choix politiques ou témoigner de difficultés à mobiliser les ressources intérieures (capacités administratives et respect des obligations fiscales, etc.).

Graphique 1.2. Recettes de l'impôt sur les sociétés exprimées en pourcentage du total des recettes fiscales, 2020

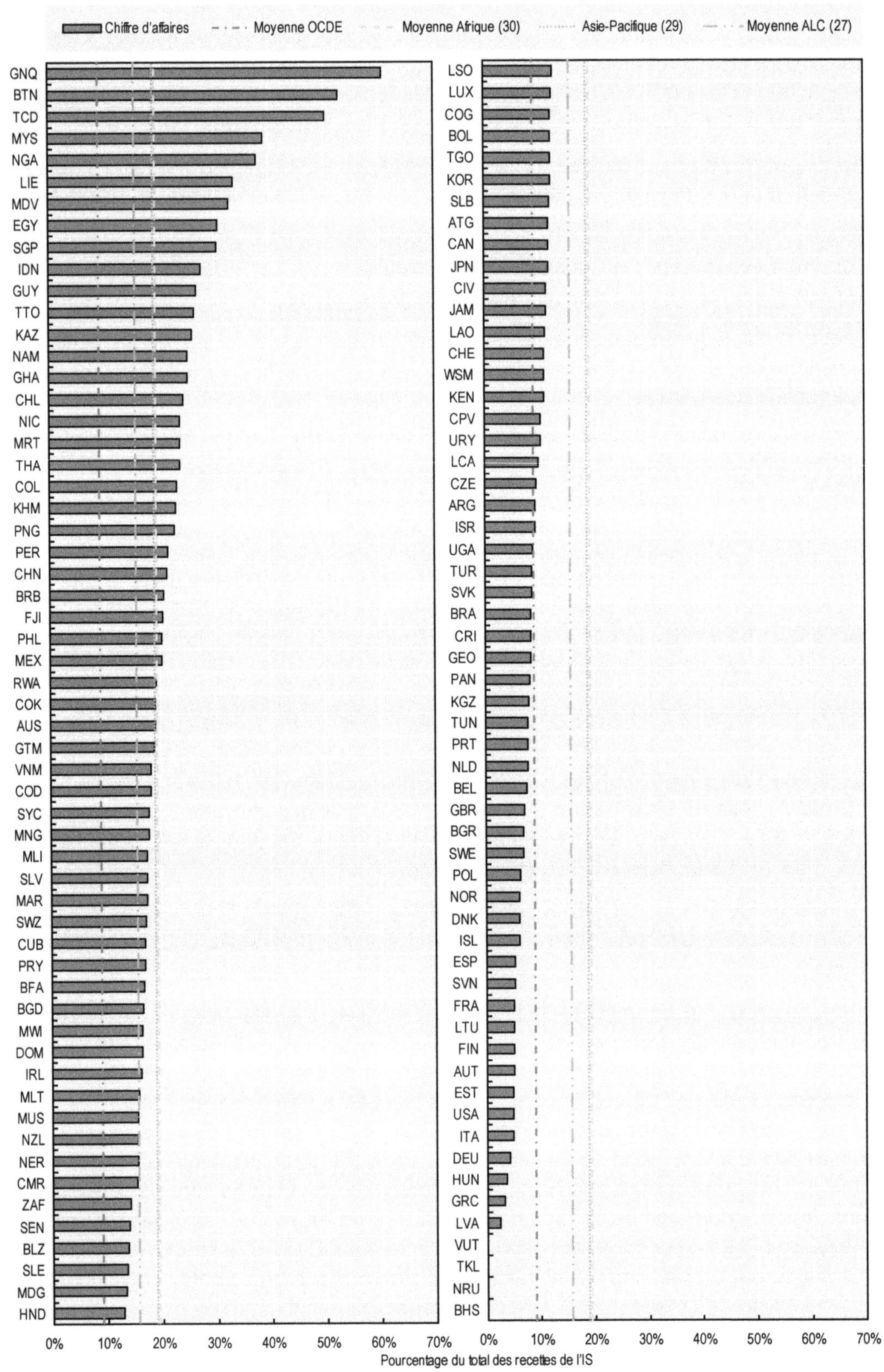

StatLink https://stat.link/gfml76

Graphique 1.3. Recettes de l'impôt sur les sociétés en pourcentage du PIB, 2020

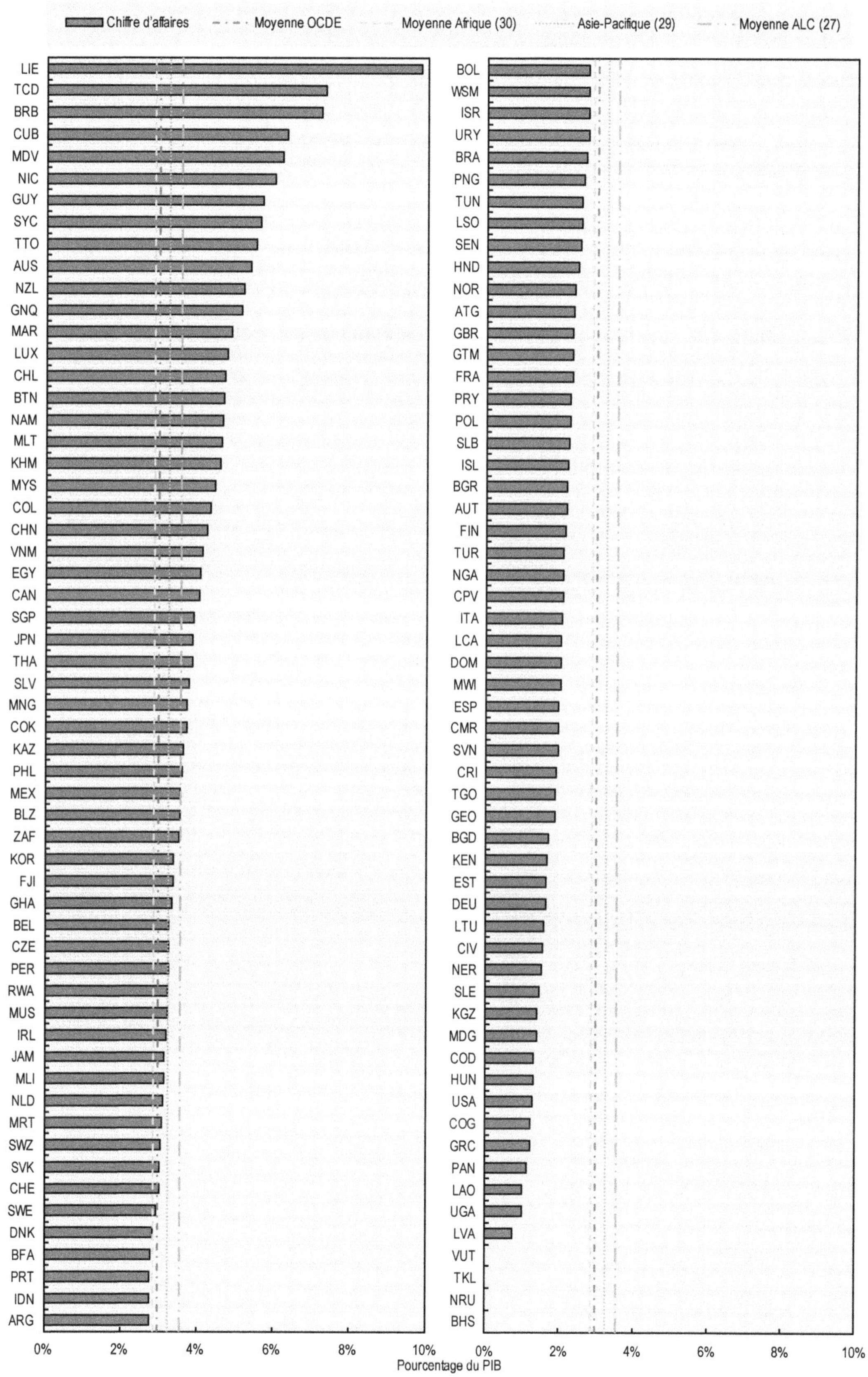

StatLink https://stat.link/5jqf7o

Notes

[1] La base de données mondiale des Statistiques des recettes publiques contient des données sur 120 juridictions (octobre 2023). Les données relatives aux recettes de l'impôt sur les sociétés sont disponibles pour 116 d'entre elles. Les données portent sur les pays membres de l'OCDE, mais aussi sur 29 pays de la région Asie-Pacifique, 27 pays de la région ALC et 30 pays d'Afrique. Elle contient aussi des données sur les recettes moyennes dans les régions ALC, Asie-Pacifique et Afrique.

[2] Les dernières données sur les recettes fiscales disponibles pour l'ensemble des juridictions dans la base de données portent sur l'année 2020, même si la Base de données mondiale des statistiques des recettes publiques présente, pour certaines d'entre elles, des données pour 2021.

[3] Les Bahamas, Nauru, les Tokélaou et Vanuatu ne prélèvent pas d'impôt sur les bénéfices des sociétés.

2 Taux légaux de l'impôt sur les sociétés

Informations clés

- Les taux légaux de l'impôt sur les sociétés se sont, en moyenne, inscrits en recul au cours des vingt dernières années, même si de fortes disparités subsistent entre les juridictions. En moyenne, le taux légal combiné de l'impôt sur les sociétés (administration centrale et administrations infranationales) appliqué dans l'ensemble des juridictions couvertes s'établissait à 21.1 % en 2023, contre 28,2 % en 2000.
- Dans 27 des 141 juridictions pour lesquelles on dispose de données relatives à 2023, le taux normal de l'impôt sur les sociétés était supérieur ou égal à 30 % en 2023. C'est en Colombie et à Malte que ce taux était le plus élevé (35 %)[1].
- En 2023, 12 juridictions ne disposaient pas d'un impôt sur les sociétés ou appliquaient un taux nul. Deux juridictions affichaient un taux inférieur à 10 % : la Barbade (5.5 %) et la Hongrie (9 %). La Hongrie prélève toutefois aussi un impôt local, dont l'assiette ne repose pas sur les bénéfices des sociétés. Le fait que cet impôt ne soit pas pris en compte dans le taux légal d'imposition de la Hongrie signifie que les entreprises de ce pays sont en réalité soumises à un taux d'imposition supérieur au taux légal.
- Entre 2000 et 2023, le taux de l'impôt sur les sociétés a diminué dans 111 juridictions ; il est resté stable dans 15 juridictions et a augmenté dans 15 autres (Andorre, le Bénin, le Chili, Djibouti, la Dominique, le Honduras, Hong Kong, la Chine, les Îles Cook, la Jordanie, les Maldives, la Mongolie, la Mauritanie, Oman et la Papouasie-Nouvelle-Guinée).
- C'est au Bénin (30 points) et au Togo (27 points) que la hausse des taux d'imposition a été la plus forte. Ces deux pays ont en effet instauré un régime d'imposition des sociétés durant cette période.
- Quatorze juridictions — l'Allemagne, Aruba, la Barbade, le Belize, la Bosnie-Herzégovine, la Bulgarie, Gibraltar, Guernesey, l'Île de Man, l'Inde, Jersey[2], le Paraguay, la République démocratique du Congo et la Tunisie — ont abaissé leur taux de l'impôt sur les sociétés d'au moins 20 points de pourcentage ou plus entre 2000 et 2023. Au cours de la même période, Guernesey, Jersey et l'Île de Man ont supprimé des régimes préférentiels et ramené à zéro le taux normal d'imposition des sociétés, et la Barbade a abaissé son taux normal d'imposition des sociétés à 5.5 % après avoir supprimé son régime préférentiel.
- Entre 2022 et 2023, le taux légal combiné de l'impôt sur les sociétés a baissé dans quatre juridictions (Aruba, l'Autriche, la Corée et Saint-Vincent-et-les-Grenadines) et a augmenté dans quatre des 141 juridictions couvertes (le Maroc, le Royaume-Uni, le Sri Lanka et Türkiye).
- Les juridictions où le taux légal combiné a le plus régressé entre 2022 et 2023 sont Aruba et la Türkiye (3 points).

Les taux légaux de l'impôt sur les bénéfices des sociétés correspondent aux taux nominaux d'imposition auxquels sont soumises les entreprises et permettent de comparer, d'une juridiction à l'autre et dans le temps, les régimes fiscaux qui leur sont normalement applicables. Dans la mesure où ces taux mesurent l'impôt marginal qui serait prélevé sur une unité supplémentaire de revenu, ils sont, en l'absence d'autre disposition dans le code des impôts, souvent utilisés dans le cadre des études sur les pratiques de BEPS pour évaluer à quel point le système fiscal incite les entreprises à transférer des bénéfices vers d'autres juridictions.

Les taux légaux normaux de l'impôt sur les bénéfices des sociétés ne donnent toutefois qu'une vision incomplète du régime fiscal applicable aux entreprises dans une juridiction donnée parce qu'ils ne prennent pas en compte les éventuels régimes ou taux spécifiques prévus pour certains secteurs ou certaines catégories de revenus ni la taille de l'assiette à laquelle ils s'appliquent. Des informations supplémentaires, telles que les données sur les taux effectifs d'imposition des sociétés ou les régimes de propriété intellectuelle (régimes de PI) figurant dans la *Base de données des statistiques de l'impôt sur les sociétés,* sont de ce fait nécessaires pour dresser un tableau plus complet de la charge fiscale qui pèse réellement sur les entreprises dans les différentes juridictions.

La *Base de données des statistiques de l'impôt sur les sociétés* indique les taux légaux d'imposition applicables aux entreprises résidentes aux niveaux suivants :

- administration centrale ;
- administration centrale, à l'exclusion de toute surtaxe ;
- administration centrale, après déduction des impôts infranationaux ;
- administrations infranationales ;
- ensemble de l'administration (administrations centrale et infranationales combinées).

La base de données indique pour chaque pays le taux normal d'imposition, qui ne vise aucun secteur ni aucune catégorie de revenu en particulier. Le taux marginal supérieur est précisé lorsque le système d'imposition des sociétés est progressif. Les autres impôts spécifiques prélevés sur une assiette autre que les bénéfices des entreprises ne sont pas pris en compte.

Le fléchissement des taux d'imposition des sociétés constaté entre 2000 et 2023 a essentiellement concerné les taux supérieurs ou égaux à 10 % et inférieurs à 30 %. Le nombre de juridictions ayant un taux d'imposition compris entre 20 % et 30 % a presque triplé, passant de 37 à 100, et le nombre de celles dont le taux est compris entre 10 % et 20 % a plus que quadruplé, passant de 8 à 33.

En dépit de la tendance générale à la baisse des taux d'imposition observée sur cette période, le nombre de juridictions qui appliquent des taux très faibles (inférieurs à 10 %) est resté relativement stable entre 2000 et 2023 : elles étaient 16 en 2000 et 14 en 2023.

Des juridictions sont néanmoins entrées dans cette catégorie et d'autres en sont sorties et ces mouvements montrent bien que les taux légaux ne donnent pas une image complète du taux d'imposition applicable dans une juridiction donnée. Guernesey, Jersey[3], l'Île de Man et les Îles Vierges britanniques, qui affichaient un taux d'imposition supérieur à 10 % en 2005, avaient ramené ce taux à zéro en 2009. Toutes ces juridictions avaient toutefois déjà mis en place des régimes spéciaux de large portée qui permettaient aux entreprises éligibles de bénéficier de très faibles taux d'imposition. Andorre et les Maldives, pour leur part, se sont dotées d'un régime d'imposition des sociétés, et les taux zéro ont été remplacés par des taux plus élevés (10 % à Andorre depuis 2012, 15 % aux Maldives depuis 2011). Toutefois, l'une comme l'autre de ces juridictions ont également introduit des régimes préférentiels qui permettent aux entreprises éligibles d'obtenir des taux réduits[4].

Graphique 2.1. Taux légaux de l'impôt sur les sociétés, 2023

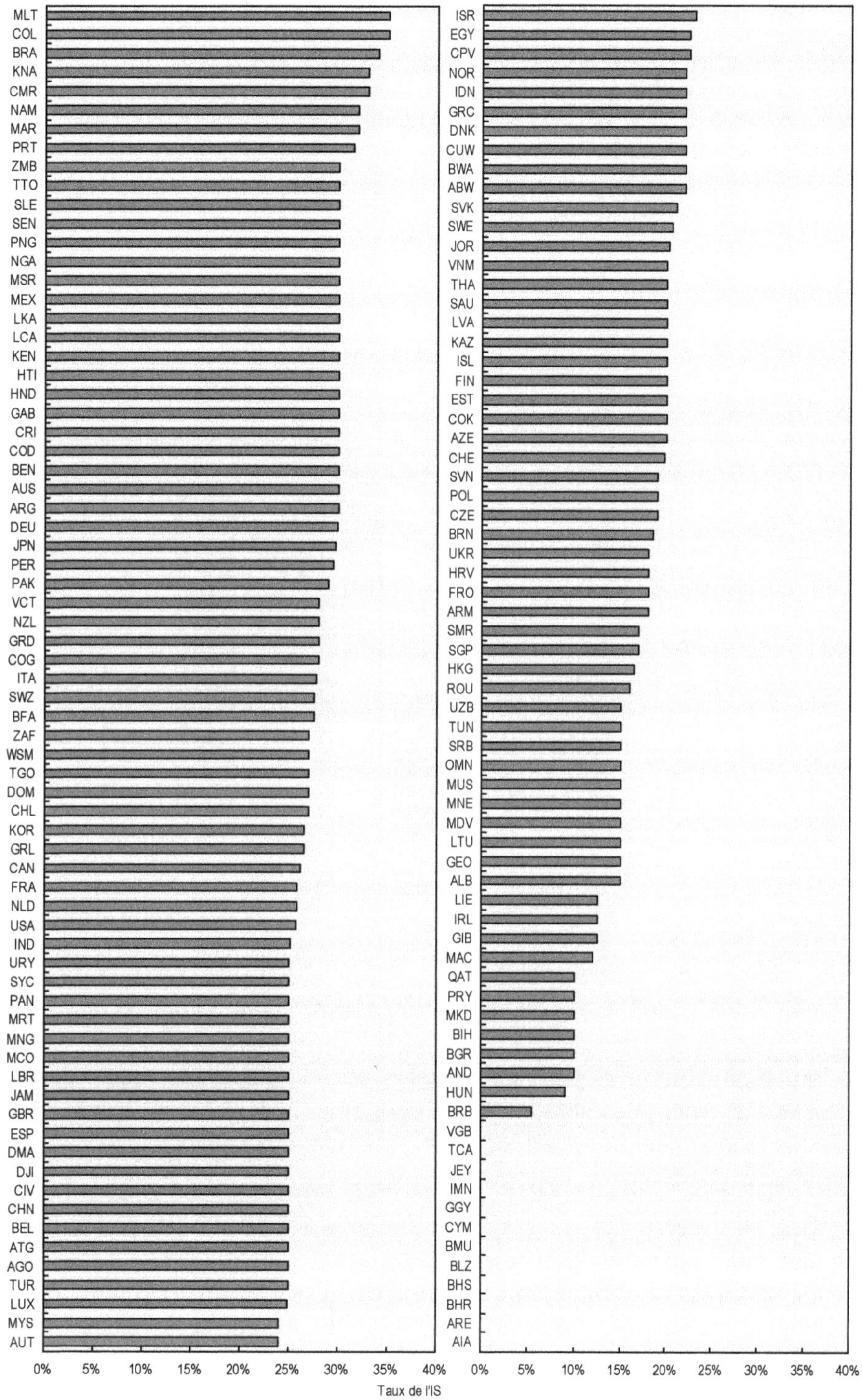

Note : Le Royaume d'Arabie saoudite prélève un impôt sur les sociétés au taux de 20 % sur les parts d'un non-Saoudien dans une société résidente ou sur les revenus d'un non-résident provenant d'un établissement stable situé en Arabie saoudite ou sur le revenu d'une entreprise exerçant son activité dans le secteur du gaz naturel. Les entreprises saoudiennes opérant dans le secteur du pétrole sont également soumises à un taux d'impôt sur les sociétés plus élevé (50 % ou plus). Le royaume saoudien prélève aussi la Zakat, qui est un impôt assis à la fois sur les bénéfices et sur les fonds propres. La Zakat est prélevée au taux de 2.5 % sur les parts d'un Saoudien dans une société résidente (sont aussi concernés les ressortissants des pays du Conseil de coopération du Golfe ayant une entreprise établie en Arabie saoudite), mais comme il s'agit d'un impôt assis sur les bénéfices et les fonds propres, son rendement est plus élevé en termes effectifs. Les autorités saoudiennes assimilent la Zakat à un impôt sur les sociétés prélevé sur une assiette différente. La Zakat est également considérée comme un impôt couvert au sens des règles GloBE dans le rapport sur le blueprint du Pilier deux (OCDE, 2020[1]).

StatLink https://stat.link/3fi0x9

Graphique 2.2. Évolution de la répartition des taux de l'impôt sur les sociétés

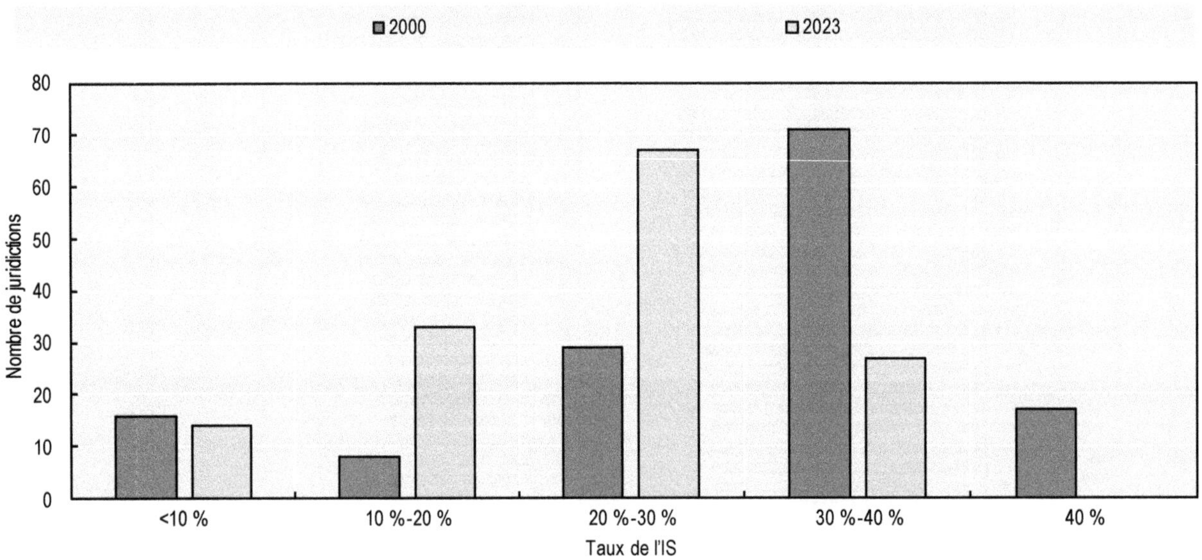

StatLink https://stat.link/c1db8i

Évolution du taux de l'impôt sur les sociétés selon les régions

Depuis 2000, les taux légaux de l'impôt sur les sociétés ont, en moyenne, reculé dans l'ensemble des pays membres de l'OCDE ainsi que dans les trois groupements régionaux étudiés — l'Afrique, l'Asie-Pacifique et l'Amérique latine et les Caraïbes, comme le montre le Graphique 2.3. [5].

C'est dans la zone OCDE que ce recul a été le plus marqué (de 32.3 % en 2000 à 23.6 % en 2023, soit 8.7 points), puis dans la région ALC, où il s'est établi à 6.6 points (moyenne tenant compte de 35 juridictions), le taux étant passé de 27.9 % en 2000 à 21.3 % en 2023. Si les taux moyens ont chuté dans tous les groupements de pays pendant cette période, il subsiste d'importants écarts : en 2023, le taux moyen de l'impôt sur les sociétés s'établissait à 26.7 % en Afrique (27), contre 23.6 % dans la zone OCDE, 21.3 % dans la région ALC (35) et 20.2 % dans la région Asie-Pacifique (33). Ces dernières années, les taux moyens se sont stabilisés dans la zone OCDE et dans les régions ALC et Asie-Pacifique.

La prise en compte de juridictions qui appliquent un taux d'imposition égal à zéro influe sur le taux moyen de l'impôt sur les sociétés, et cette incidence est plus marquée dans certaines régions que dans d'autres, puisque les juridictions à taux zéro sont plus ou moins nombreuses selon les régions. L'exclusion de ces juridictions a pour effet de relever d'environ 2.7 points de pourcentage par an le taux légal moyen global de l'impôt sur les sociétés, mais l'évolution générale à la baisse reste inchangée. Entre 2000 et 2023, le taux légal moyen pour l'ensemble des juridictions dont le taux de l'IS n'est pas nul a baissé, passant de 31.3 % à 23.1 %.

L'exclusion des juridictions à taux zéro a une incidence différente selon les groupements de pays. Elle est sans incidence dans la zone OCDE et en Afrique (27), où aucune juridiction n'applique un taux nul. En revanche, trois des 33 juridictions de la région Asie-Pacifique et cinq des 35 juridictions de la région ALC pratiquent ou ont pratiqué l'imposition à taux zéro, si bien que les taux légaux moyens de l'impôt sur les sociétés pour les 30 autres juridictions de la région Asie-Pacifique et les 30 autres juridictions de la région ALC sont supérieurs aux taux moyens obtenus lorsque tous les pays de ces régions sont pris en compte. Les taux légaux moyens obtenus sur la période considérée pour les 30 juridictions de la région Asie-Pacifique qui n'appliquent pas de taux zéro sont très proches de ceux observés pour la zone OCDE, tandis que ceux calculés pour l'ensemble des 33 juridictions de cette région sont inférieurs de 4 à 8 points de pourcentage par an à ceux obtenus pour la zone OCDE. C'est dans la région ALC que le taux varie le plus fortement selon que l'on tient compte ou non des juridictions à taux zéro. Ainsi, en 2023, le taux légal moyen de l'impôt sur les sociétés pour l'ensemble des 35 juridictions de la région (21.3 %) était inférieur de 5.3 points à celui obtenu pour les 30 juridictions appliquant un taux d'imposition supérieur à zéro (26.6 %). Si l'on exclut les juridictions à taux zéro, la moyenne calculée pour les 30 autres juridictions de la région ALC, est supérieure à celle de la zone OCDE et quasiment identique au taux légal d'imposition moyen des 27 juridictions africaines.

Graphique 2.3. Taux légaux moyens de l'impôt sur les sociétés selon les régions

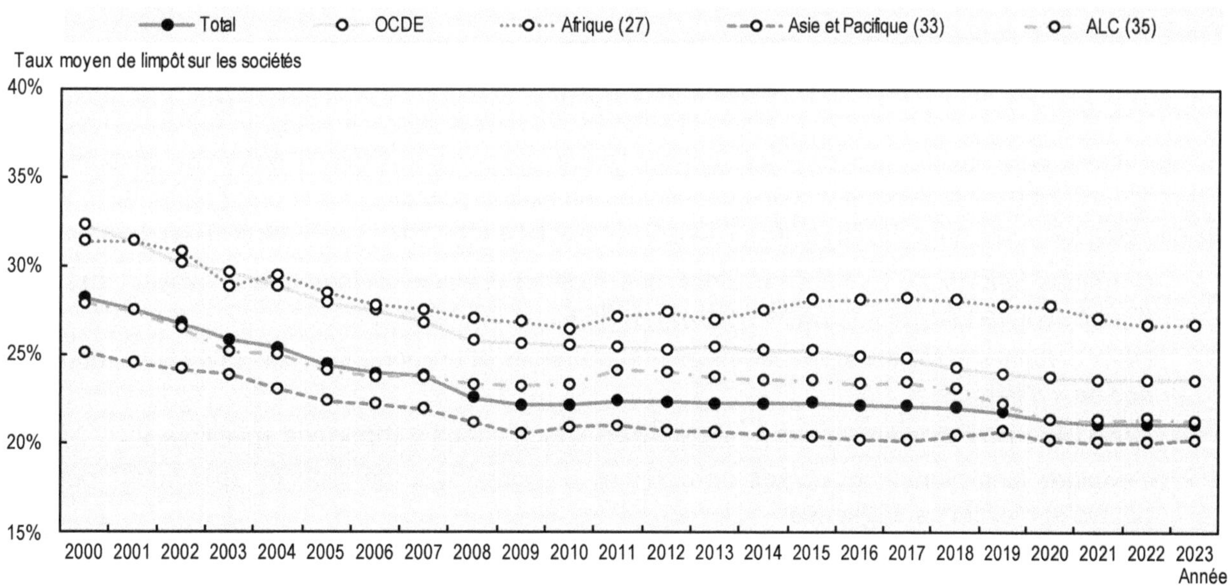

StatLink https://stat.link/zbtr01

Graphique 2.4. Taux légaux moyens de l'impôt sur les sociétés selon les régions, à l'exclusion des juridictions à taux zéro

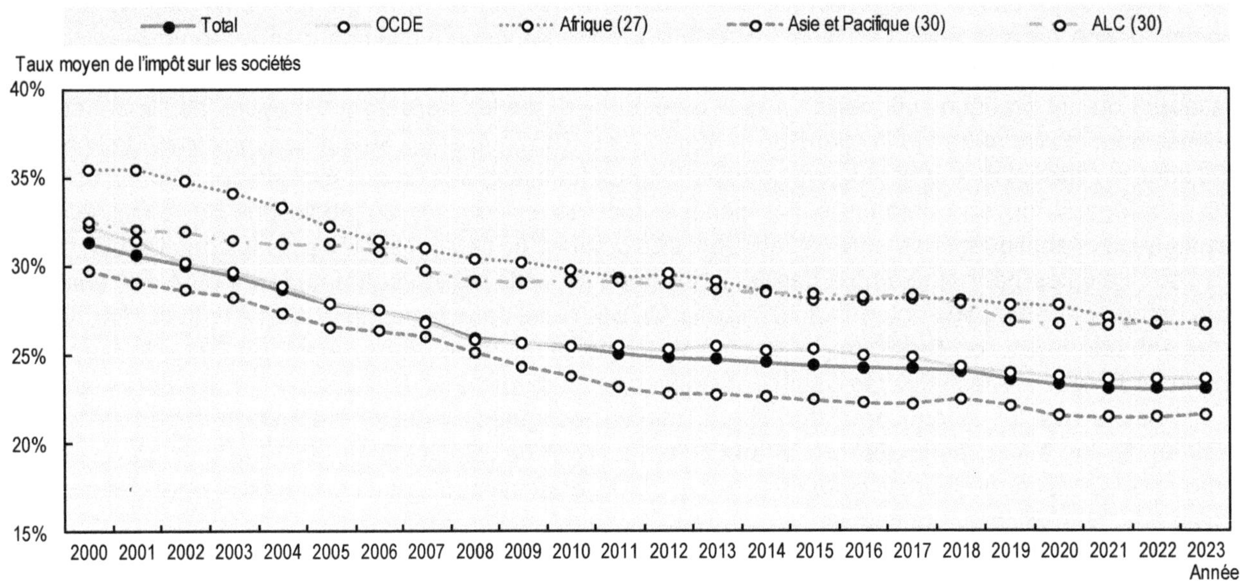

StatLink https://stat.link/jwur7x

Le taux légal normal de l'impôt sur les sociétés n'est pas le seul taux d'imposition applicable aux sociétés

Les taux légaux normaux de l'impôt sur les sociétés livrent un aperçu des taux d'imposition auxquels sont soumises les sociétés dans une juridiction donnée. Les juridictions peuvent néanmoins prévoir de multiples taux d'imposition, celui qui s'applique dépendant des caractéristiques de la société et du type de revenu.

- Certaines juridictions mettent en place des régimes fiscaux préférentiels prévoyant des taux d'imposition réduits pour certains types de sociétés ou de revenus.
- Dans certaines juridictions, les bénéfices non distribués et les bénéfices distribués sont imposés à des taux différents.
- Certaines juridictions appliquent à certains secteurs des taux d'imposition spécifiques.
- Certaines juridictions sont dotées de barèmes progressifs ou de régimes spécifiques pour les petites et moyennes entreprises.
- Certaines juridictions appliquent aux entreprises non résidentes des taux différents de ceux prévus pour les entreprises résidentes.
- Certaines appliquent des taux réduits d'imposition dans des zones économiques spéciales ou désignées.

Juridictions dans lesquelles les entreprises internationales bénéficient de régimes fiscaux préférentiels

L'examen attentif des régimes préférentiels aide à comprendre les raisons pour lesquelles les taux normaux d'imposition des sociétés ne permettent pas toujours de comprendre pourquoi une entreprise peut être tentée de se livrer à des pratiques de BEPS. En particulier, certaines juridictions accordent, ou ont accordé par le passé, de très faibles taux d'imposition dans le cadre de régimes dont peuvent bénéficier les entreprises internationales moyennant des conditions relativement peu restrictives, tout en maintenant le taux légal normal de l'impôt sur les sociétés à un niveau élevé.

À titre d'exemple, plusieurs juridictions sont ou ont été dotées d'un régime de sociétés d'affaires internationales. Les entreprises qui peuvent prétendre à de tels régimes bénéficient d'un taux réduit par rapport au taux légal normal de l'IS. Alors que ce taux peut être relativement élevé dans ces juridictions, les sociétés d'affaires internationales éligibles sont généralement exonérées d'impôt ou soumises à de très faibles taux d'imposition. Il existe également certains cas spécifiques, notamment à Malte, où le système d'imputation permet aux investisseurs résidents et non-résidents de récupérer jusqu'à six septièmes de l'impôt dû.

Exception faite du système d'imputation en vigueur à Malte, qui n'entre pas dans le périmètre du Projet BEPS, l'ensemble des régimes en vigueur dans des juridictions pour lesquelles on dispose de données relatives au taux légal de l'IS dans la *Base de données des statistiques de l'impôt sur les sociétés* ont été modifiés ou supprimés ou sont en cours de modification ou de suppression pour être conformes au standard minimum établi par l'Action 5 du Projet BEPS. Ces changements devraient fortement réduire les incitations à recourir aux pratiques de BEPS associées à ces régimes.

Impôts sur les bénéfices distribués

Le taux légal normal peut également ne pas refléter le régime réellement applicable aux entreprises lorsque les juridictions imposent les bénéfices distribués en plus ou en lieu et place de l'impôt sur l'ensemble des bénéfices.

Certaines juridictions prélèvent un impôt sur l'ensemble des bénéfices réalisés par les entreprises, ainsi qu'un impôt supplémentaire sur tous les bénéfices éventuellement distribués. C'était le cas en Inde, par exemple, où les bénéfices, distribués ou non, étaient imposés au taux normal, et où un impôt supplémentaire sur les distributions de dividendes augmentait le taux d'imposition total des bénéfices distribués. Depuis 2020, les entreprises ne sont plus soumises à cet impôt sur la distribution de dividendes, si bien que le taux légal de l'impôt sur les sociétés a fortement baissé, passant de 40.6 % en 2019 à 25.2 % en 2023.

Dans d'autres juridictions, c'est la distribution et non la réalisation des bénéfices qui déclenche l'obligation fiscale. C'est le cas en Estonie comme en Lettonie, qui imposent les bénéfices distribués à hauteur de 20 %, mais ne taxent pas les bénéfices non distribués. Si le taux légal normal indiqué pour ces deux pays dans la *Base de données des statistiques de l'impôt sur les sociétés* est de 20 %, le taux auquel sont en réalité soumises les entreprises peut être nettement plus faible selon la part des bénéfices qui est distribuée. Dans ces deux pays, une société qui, pendant une période donnée, met en réserve l'ensemble de ses bénéfices et ne verse aucun dividende n'acquitte aucun impôt sur les bénéfices.

Bibliographie

OCDE (2020), *Les défis fiscaux soulevés par la numérisation – Rapport sur le blueprint du Pilier Deux : Cadre inclusif sur le BEPS*, Éditions OCDE, Paris, https://doi.org/10.1787/6c4f8dde-fr. [1]

Notes

[1] Toutefois, à Malte, le système d'imputation permet aux investisseurs résidents et non résidents de récupérer jusqu'à six septièmes de l'impôt sur les sociétés dû. Au Belize, le taux de l'IS s'élève à 40 %, mais comme il ne s'applique qu'à l'industrie pétrolière, il a été inclus dans cette base de données avec une valeur de 0 % afin de garantir un traitement égal de toutes les juridictions.

[2] À Jersey, le régime de l'IS actuellement en vigueur prévoit un taux égal à 0 % et, dans certains secteurs, à 10 % et 20 %.

[3] À Jersey, le régime de l'IS actuellement en vigueur prévoit un taux égal à 0 % et, dans certains secteurs, à 10 % et 20 %.

[4] Andorre et les Maldives ont récemment modifié ou supprimé les régimes préférentiels qui n'étaient pas conformes au standard minimum de l'Action 5 du BEPS.

[5] Comme les échantillons de juridictions pour lesquelles on dispose de données sur les recettes fiscales et de données sur les taux légaux d'imposition ne sont pas les mêmes, les moyennes relatives aux recettes tirées de l'impôt sur les sociétés et aux taux légaux d'imposition ne doivent pas être directement comparées.

3 Taux effectifs d'imposition des sociétés

Informations clés

- Sur les 89 juridictions couvertes en 2022, 76 autorisent l'amortissement accéléré, ce qui signifie que, dans ces juridictions, les investissements sont soumis à un TIEM inférieur au taux légal. Dans ces juridictions, la baisse s'est établie en moyenne à 1.9 point en 2022 ; les écarts les plus importants ont été observés en Italie (12.3 points), à Maurice (9.3 points), à Malte et au Royaume-Uni (6.2 points dans les deux cas), en Pologne (4 points), en Allemagne et aux États-Unis (3.5 points dans les deux cas). À l'inverse, dans six juridictions, l'amortissement fiscal est plus lent que la dépréciation économique, ce qui se traduit par un TIEM supérieur au taux légal d'imposition. Dans ces juridictions, l'écart moyen entre le TIEM et le taux légal de l'impôt était de 5.3 points ; les écarts les plus importants entre les TIEM et les taux légaux ont été observés au Chili (10.9 points), au Botswana (9.3 points) et en Argentine (4.9 points).
- Sur les 89 juridictions couvertes pour 2022, huit autorisent les déductions pour fonds propres : la Belgique[1], Chypre, l'Italie, le Liechtenstein, Malte, la Pologne, le Portugal et la Turquie. L'introduction de ce mécanisme dans le code des impôts a conduit à une réduction supplémentaire du TIEM comprise entre 0.2 et 4.5 points de pourcentage[2].
- Toutes juridictions confondues, le TIEM s'établit à 20.2 % en moyenne, ce qui est inférieur de 1.3 point au taux légal d'imposition moyen (21.5 %). Le TIEM médian est également inférieur de 2.5 points (22.4 %) au taux légal médian (24.9 %). Si le TIEM est compris entre 15 % et 28 % dans plus de la moitié des juridictions couvertes, il se situe dans la partie haute de cette fourchette dans plusieurs juridictions de la région ALC (en Argentine, au Chili et au Mexique, par exemple), en raison des règles d'amortissement que ces juridictions appliquent aux logiciels acquis.
- Les taux marginaux d'imposition effectifs (TMIE) les plus faibles sont observés dans les juridictions autorisant les déductions pour fonds propres, à savoir Chypre, l'Italie, le Liechtenstein, Malte, la Pologne, le Portugal et la Türkiye.
- Seize juridictions ont revu à la baisse la générosité de leur régime d'amortissement fiscal, si bien que leur TMIE a augmenté en 2022 par rapport à 2021 ; la plus forte hausse a été observée en Italie (6.1 points).
- Treize juridictions ont revu à la hausse la générosité de leurs règles d'amortissement, ce qui s'est traduit par une baisse des TMIE entre 2021 et 2022 ; c'est le cas du Mexique (23.2 points), du Kenya (12.6 points), du Canada (3.3 points), du Luxembourg (2.7 points) et du Pérou (1.7 point). En 2022, le TMIE a également diminué en France, aux Seychelles et en Türkiye, en raison de la baisse du taux légal d'imposition.
- Une décomposition des résultats par catégorie d'actifs révèle que les possibilités d'amortissement accéléré les plus généreuses concernent les investissements dans les

bâtiments et les équipements. Toutes juridictions confondues, le TIEM moyen s'établit à 19.2 % pour les bâtiments et à 19.4 % pour les logiciels acquis, ce qui est inférieur au TIEM composite (20.2 %), qui tient également compte des logiciels acquis et des stocks. S'agissant de la catégorie des actifs corporels, qui comprend les véhicules de transport aérien, ferroviaire et par voie d'eau, les véhicules de transport routier, le matériel informatique, les machines et équipements industriels, l'essentiel de cet effet est dû à des règles d'amortissement plus généreuses pour les véhicules de transport aérien, ferroviaire et par voie d'eau, ainsi que pour les machines industrielles.

- Les investissements dans les logiciels acquis supportent des TEI très différents du fait des importantes disparités de traitement fiscal entre les juridictions. Ainsi, au Botswana, au Chili et en Tchéquie, les actifs incorporels ne sont pas amortissables, ce qui se traduit par un amortissement fiscal très inférieur à la dépréciation économique réelle. A l'inverse, c'est en Allemagne, au Canada, au Danemark, à Hong Kong (Chine), au Royaume-Uni et à Singapour que les logiciels acquis bénéficient du traitement fiscal le plus généreux, cependant que l'Italie accorde un crédit d'impôt spécifique pour l'acquisition d'actifs incorporels à forte composante numérique, tels que, entre autres, les logiciels acquis.

Les bases d'imposition retenues diffèrent d'une juridiction à l'autre, ce qui peut avoir une incidence considérable sur le montant de l'impôt associé à un investissement donné. Par exemple, la fiscalité des entreprises présente des différences entre les juridictions sur plusieurs caractéristiques importantes, comme les règles en matière d'amortissement fiscal et d'autres dispositions fiscales. Pour apprécier les effets de ces dispositifs sur la base d'imposition des sociétés et sur l'impôt à payer, il est indispensable de ne pas se limiter à une comparaison des taux d'imposition légaux des sociétés.

Les TEI « prospectifs » figurant dans les *Statistiques de l'impôt sur les sociétés* constituent des indicateurs synthétiques de la politique fiscale et sont calculés à partir d'informations sur les règles fiscales propres à chaque juridiction. Contrairement aux TEI « rétrospectifs », ils ne prennent en compte aucun élément relatif aux impôts effectivement payés par les entreprises. Comme indiqué plus en détail dans l'encadré 3,1, ils rendent compte des effets de l'amortissement fiscal et de plusieurs dispositifs connexes (déductions pour fonds propres, conventions d'amortissement au semestre, méthodes d'évaluation des stocks, par exemple). Les règles d'amortissement fiscal concernant certains actifs incorporels (par exemple, les logiciels acquis) sont prises en compte, mais les effets des incitations fiscales appliquées aux dépenses de R-D et des régimes de propriété intellectuelle (PI) ne le sont pas. La section suivante présente cependant les TEI prospectifs qui tiennent compte des effets des incitations fiscales en matière de R-D sur les investissements dans la R-D.

La Base de données des statistiques de l'impôt sur les sociétés contient quatre indicateurs prospectifs relatifs à la politique fiscale qui rendent compte des règles fiscales en vigueur au 1er juillet pour la période 2017-22 :

- le taux d'imposition effectif moyen (TIEM) ;
- le taux marginal d'imposition effectif (TMIE) ;
- le coût du capital ;
- la valeur actuelle nette des déductions pour amortissement, exprimée en pourcentage de l'investissement initial.

Ces quatre indicateurs sont calculés en appliquant les règles fiscales propres à chaque juridiction à un projet d'investissement hypothétique et prospectif. Les calculs sont effectués séparément pour chaque investissement en fonction des différentes catégories d'actifs et des sources de financement (emprunt ou capitaux propres). Les indicateurs composites sont obtenus par pondération des actifs et sources de financement. La base de données fournit aussi des résultats plus détaillés. Dans cette section, ne sont examinés les résultats que pour deux indicateurs : le TIEM et le TMIE.

Les indicateurs sont calculés pour deux scénarios macroéconomiques différents. Sauf indication contraire, les résultats présentés dans cette publication renvoient à des taux effectifs d'imposition composites établis sur la base d'un scénario macroéconomique dans lequel le taux d'intérêt réel est de 3 % et le taux d'inflation de 1 %.

Taux effectifs d'imposition prospectifs applicables aux sociétés en 2022

Deux TEI prospectifs complémentaires sont généralement utilisés pour analyser la politique fiscale et cerner ses effets sur les décisions d'investissement à la marge intensive et à la marge extensive :

- Le TIEM mesure l'incidence moyenne de la fiscalité sur les projets d'investissement qui génèrent des profits économiques positifs. Il est utilisé pour analyser les décisions d'investissement reposant sur un arbitrage entre deux ou plusieurs projets différents (le long de la marge extensive).
- Le TMIE indique la mesure dans laquelle la fiscalité augmente le taux de rendement avant impôt exigé que les investisseurs doivent atteindre pour rentabiliser leur investissement. Il est utilisé pour analyser l'influence de la fiscalité sur l'*incitation à accroître un investissement existant* dans un lieu donné (le long de la marge intensive).

Taux d'imposition effectifs moyens

Le Graphique 3.1. montre le TIEM composite pour l'ensemble de la base de données. Dans la plupart des juridictions, les TIEM divergent du taux légal d'imposition ; si l'amortissement fiscal est généreux comparé à la dépréciation économique réelle ou s'il existe d'autres dispositifs permettant de réduire de manière significative la base d'imposition, le TIEM (de même que le TMIE) est inférieur au taux légal ; on parle alors d'amortissement accéléré. Au contraire, si l'amortissement fiscal ne couvre pas totalement les effets de la dépréciation économique réelle, l'amortissement est ralenti, ce qui implique une base d'imposition plus large et une imposition effective plus élevée.

Pour permettre une comparaison avec le taux légal d'imposition, la part du TIEM (en points de pourcentage) attribuable à un amortissement fiscal ralenti est représentée en bleu clair sur le Graphique 3.1. ; les réductions du taux légal d'imposition dues à une accélération de l'amortissement fiscal sont représentées par un rectangle transparent. La baisse du TIEM liée aux déductions pour fonds propres est représentée par une zone en pointillés.

Une comparaison des règles d'amortissement fiscal en vigueur dans les juridictions montre que la plupart d'entre elles prévoient une accélération plus ou moins forte de l'amortissement, comme en attestent les barres sur fond blanc. On observe les effets les plus significatifs dans les juridictions qui autorisent les déductions pour fonds propres, comme l'Italie, Malte, la Pologne, le Portugal et la Türkiye, ainsi que dans celles qui appliquent un régime d'amortissement accéléré relativement généreux, comme l'Afrique du Sud, le Canada, les États-Unis, la France et le Royaume-Uni. Même si les juridictions qui prévoient un amortissement ralenti sont moins nombreuses, ce régime d'amortissement peut avoir des effets importants dans les juridictions où les logiciels acquis ne sont pas amortissables (comme au Botswana et au Chili) ou amortissables à un taux très faible (comme en Argentine et, dans une moindre mesure, au Mexique, en Papouasie–Nouvelle-Guinée et au Pérou).

Entre 2017 et 2022, les TIEM ont eu en moyenne tendance à diminuer, ce qui s'explique en partie par la baisse des taux légaux de l'IS. Si l'on observe l'évolution du TIEM composite entre 2017 et 2022, on s'aperçoit que le TIEM composite moyen non pondéré a diminué régulièrement (-1.5 point), passant de

21.7 % en 2017 à 20.2 % en 2022. Le taux légal d'imposition moyen a légèrement moins baissé au cours de la même période (1.1 point), passant de 22.6 % en 2017 à 21.5 % en 2022, ce qui signifie que les modifications de l'assiette de l'impôt sur les sociétés ont également contribué à faire baisser les taux nominaux.

On observe un léger infléchissement à la baisse de la distribution des TIEM entre 2017 et 2022. Le Graphique 3.2 montre l'évolution de différents points de la distribution des TIEM au fil du temps. La médiane correspond au TIEM de la juridiction située au milieu de la distribution, de sorte que 50 % des juridictions affichent des TIEM supérieurs à cette valeur. Le 25e centile correspond au TIEM en deçà duquel se situeraient 25 % des juridictions et le 75e centile celui en deçà duquel se situeraient 75 % des juridictions. Le TIEM médian est passé de 22.8 % en 2017 à 22.4 % en 2022, tandis que dans la partie haute et basse de la distribution, les taux sont passés de 28.3 % et 16.8 % en 2017 à 26.5 % et 15.3 % en 2022.

L'évolution de la distribution du TIEM peut être attribuée à la baisse progressive des taux légaux de l'IS et à diverses réformes de la base d'imposition. Les variations les plus importantes de la distribution des TIEM concernent surtout l'année 2021. En 2021, le TIEM médian est passé à 22.3 %, contre 22.7 % en 2020 (soit une baisse de 0.4 point). Au cours de cette année, plusieurs pays ont profondément modifié leur système d'IS, ce qui peut expliquer la tendance à la baisse observée. Certains ont par exemple abaissé leur taux légal de l'IS là où d'autres ont réduit l'assiette fiscale.

Graphique 3.1. Taux d'imposition effectifs moyens, 2022

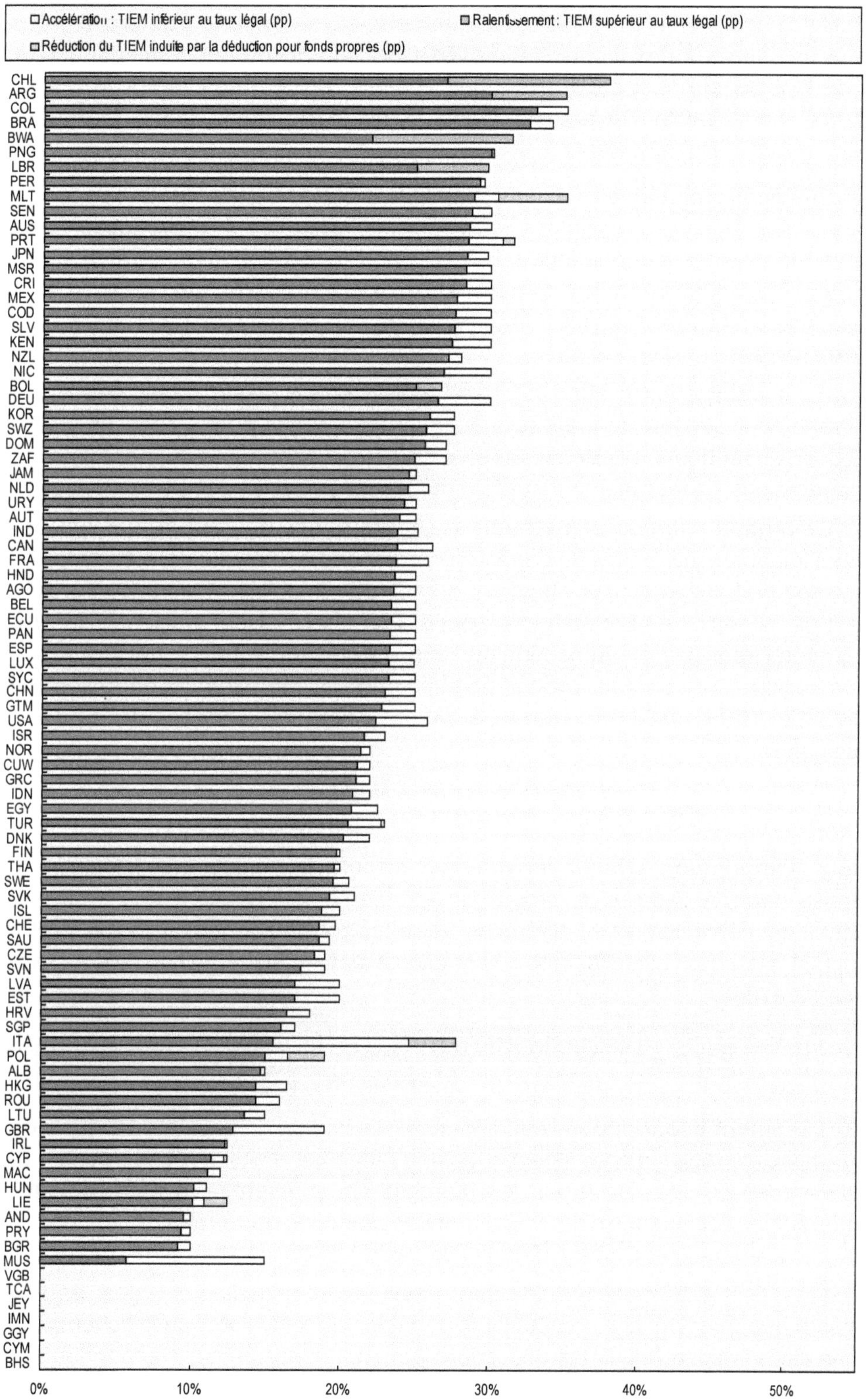

Note : Les taux d'imposition effectifs moyens sont calculés en partant de l'hypothèse d'un taux d'inflation fixe de 1 %, d'un taux d'intérêt réel fixe de 3 % et d'un taux de rendement des investissements de 0 %. D'autres paramètres sont décrits dans l'annexe explicative sur le taux effectif d'imposition (TEI) qui accompagne les Statistiques de l'impôt sur les sociétés. https://www.oecd.org/tax/tax-policy/explanatory-annex-corporate-effective-tax-rates.pdf. On trouvera des précisions supplémentaires concernant la modélisation des TEI pour l'Arabie saoudite à la note 3[3].

StatLink https://stat.link/gu3ph4

Encadré 3.1. Concepts clés et méthodologie

Les taux effectifs d'imposition (TEI) prospectifs sont calculés sur la base d'un projet d'investissement hypothétique et prospectif. La méthodologie de l'OCDE a été décrite en détail dans le document de travail nº 38 de l'OCDE sur la fiscalité (Hanappi, 2018[1]), lequel s'appuie sur le modèle théorique élaboré par Devereux et Griffith (Devereux et Griffith, 1998[2]) (Devereux, 2003[3]). Cette méthodologie repose sur les concepts clés suivants :

- Les **profits économiques** sont définis comme la différence entre le total des recettes et le total des coûts économiques, y compris les coûts explicites liés à la production de biens et de services et les coûts d'opportunité tels que, par exemple, le manque à gagner résultant de l'utilisation des bâtiments appartenant à l'entreprise ou de ses ressources propres. Ils correspondent à la valeur actuelle nette (VAN) de tous les flux de trésorerie associés au projet d'investissement.
- Le **coût du capital** correspond au taux de rendement avant impôt des capitaux investis nécessaire pour générer un profit économique après impôt égal à zéro. Le taux d'intérêt réel correspond au rendement des capitaux investis obtenu dans le cas où, par exemple, l'entreprise n'engagerait pas l'investissement et laisserait les fonds sur un compte bancaire.
- Le **taux marginal d'imposition effectif avant incidence de l'impôt**, qui indique dans quelle mesure l'impôt accroît le coût du capital ; il correspond au cas d'un projet marginal qui dégage juste assez de bénéfices pour atteindre le seuil de rentabilité, mais aucun profit économique au-delà de ce seuil. Le taux marginal d'imposition effectif avant incidence de l'impôt utilise le taux d'intérêt réel comme dénominateur afin d'éviter toute erreur de spécification pour les valeurs négatives du coût du capital, pouvant survenir par exemple en raison des incitations fiscales. Le TIEM après incidence de l'impôt utilise au contraire le coût du capital au dénominateur.

$$EMTR = \frac{(Cost\ of\ capital) - (Real\ interest\ rate)}{Real\ interest\ rate}$$

- Le **taux d'imposition effectif moyen**, qui mesure la contribution fiscale moyenne d'une entreprise dans le cadre d'un projet d'investissement dégageant des profits économiques positifs. Il est défini comme la différence entre les profits économiques avant et après impôt, par rapport à la valeur actuelle nette du bénéfice avant impôt, déduction faite de l'amortissement économique réel.

$$EATR = \frac{\left(Economic\ profit_{NPV}^{pre-tax}\right) - \left(Economic\ profit_{NPV}^{post-tax}\right)}{\left(Net\ income_{NPV}^{pre-tax}\right)}$$

- L'**amortissement économique réel** mesure la diminution de la valeur productive d'un actif au fil du temps ; les règles d'amortissement d'une catégorie d'actif donnée peuvent être estimées en utilisant les prix des actifs sur les marchés de la revente. La méthodologie de l'OCDE s'appuie sur les estimations d'amortissement économique du *Bureau of Economic Analysis* des États-Unis (Devereux et Griffith, 1998[2]) (Devereux, 2003[3]).
- Les codes des impôts des juridictions prévoient habituellement des **déductions pour amortissement** afin de tenir compte de la perte de valeur de l'actif au fil du temps dans le calcul des bénéfices imposables. Si les déductions pour amortissement correspondent à la diminution de la valeur de l'actif résultant de son utilisation à des fins de production, l'amortissement fiscal est égal à l'amortissement économique.

- Si les déductions pour amortissement sont relativement généreuses par rapport à la dépréciation économique, l'amortissement fiscal est **accéléré** ; si elles le sont moins, l'amortissement fiscal est considéré comme **ralenti**. La valeur actuelle nette des déductions pour amortissement, mesurée en pourcentage de l'investissement initial, tient compte des effets temporels sur la valeur des déductions pour amortissement, et fournit ainsi des données comparables concernant la générosité de l'amortissement fiscal par actif et par juridiction.

La base de données en ligne *Statistiques de l'impôt sur les sociétés* contient des informations sur le coût du capital, le TMIE, le TIEM ainsi que sur la valeur actuelle nette des déductions pour amortissement dans 89 juridictions.

Encadré 3.2. Catégories d'actifs et dispositions fiscales visées

Les calculs s'appuient sur une couverture exhaustive des règles fiscales propres à chaque juridiction, concernant quatre catégories d'actifs :

1. **Les bâtiments**, y compris les constructions à usage non résidentiel, comme les usines, ouvrages de génie civil, immeubles à usage commercial ou de bureaux.
2. **Les actifs corporels**, regroupés en cinq catégories d'actifs spécifiques : les véhicules de transport routier ; les véhicules de transport aérien, ferroviaire et par voie d'eau ; le matériel informatique ; les machines et équipements industriels.
3. **Les stocks**, comme les biens ou matières premières en stock.
4. **Les logiciels acquis**, comme les programmes informatiques ou les applications qu'une entreprise acquiert à des fins commerciales.

Dans cette édition des *Statistiques de l'impôt sur les sociétés*, les données collectées concernant la catégorie des actifs corporels ont été désagrégées afin d'améliorer la comparabilité entre pays des séries de données sur les taux effectifs d'imposition. Comme les actifs corporels constituent une catégorie d'actifs particulièrement importante, le fait de collecter des données désagrégées sur les règles fiscales applicables à tel ou tel actif permet de mieux rendre compte des variations au sein de cette catégorie.

Les dispositions fiscales suivantes applicables aux sociétés sont prises en compte :

- taux de l'IS perçu par l'ensemble de l'administration (administration centrale et administrations infranationales combinées) ;
- règles d'amortissement fiscal spécifiques selon les actifs, y compris les amortissements fiscalement autorisés au cours de la première année, les conventions de l'amortissement au semestre ou semi-mensuel ;
- incitations fiscales générales uniquement si elles sont disponibles pour une large catégorie d'investissements réalisés par de grandes entreprises nationales ou multinationales ;
- méthodes d'évaluation des stocks, dont la méthode du premier entré, premier sorti, du dernier entré, premier sorti et du coût moyen ;
- déductions pour fonds propres.

Les TEI composites présentés dans cette publication sont le résultat d'un calcul en trois étapes. Premièrement, les TEI sont calculés séparément pour chaque juridiction, catégorie d'actifs et source de financement (emprunt et capitaux propres). Au sein de la catégorie des actifs corporels, ils sont d'abord calculés séparément pour chacun des cinq types d'actifs, ce qui permet dans un second temps de calculer le taux global sur la base d'une moyenne non pondérée. Bien que le cas du financement par l'emprunt tienne compte de la déductibilité des intérêts, les limites à la déductibilité des intérêts propres à telle ou telle juridiction n'ont pas été examinées dans cette édition. Deuxièmement, une moyenne non pondérée est calculée toutes catégories d'actifs confondues, séparément pour chaque source de financement. Troisièmement, on obtient les TEI composites, qui correspondent à la moyenne pondérée des investissements financés sur fonds propres et de ceux financés par l'emprunt ; les pondérations retenues sont de 65 % pour les fonds propres et de 35 % pour le financement par l'emprunt.

Encadré 3.3. Scénarios macroéconomiques

Les deux principaux paramètres macroéconomiques utilisés dans les modèles — l'inflation et les taux d'intérêt — interagissent de diverses façons avec les effets du régime fiscal et peuvent avoir des incidences importantes sur les TEI.

Dans la base de données Statistiques de l'impôt sur les sociétés, les TEI sont calculés pour deux scénarios macroéconomiques différents. Dans le premier scénario, les taux d'intérêt et d'inflation restent constants ; dans le second scénario, on utilise des paramètres macroéconomiques propres à chaque juridiction. Alors que la première approche permet de comparer les différences des régimes d'imposition entre les juridictions, toutes choses égales par ailleurs, la seconde donne de meilleures indications quant aux effets d'une modification des conditions économiques sur les incitations à investir, mesurées par les TEI.

Les résultats présentés dans cette publication reposent exclusivement sur le scénario macroéconomique dans lequel un taux d'intérêt constant de 3 % et un taux d'inflation constant de 1 % sont retenus ; les résultats obtenus à partir du second scénario macroéconomique sont toutefois disponibles dans la base de données en ligne.

Graphique 3.2. Évolution de la distribution des taux d'imposition effectifs moyens, 2017-2022

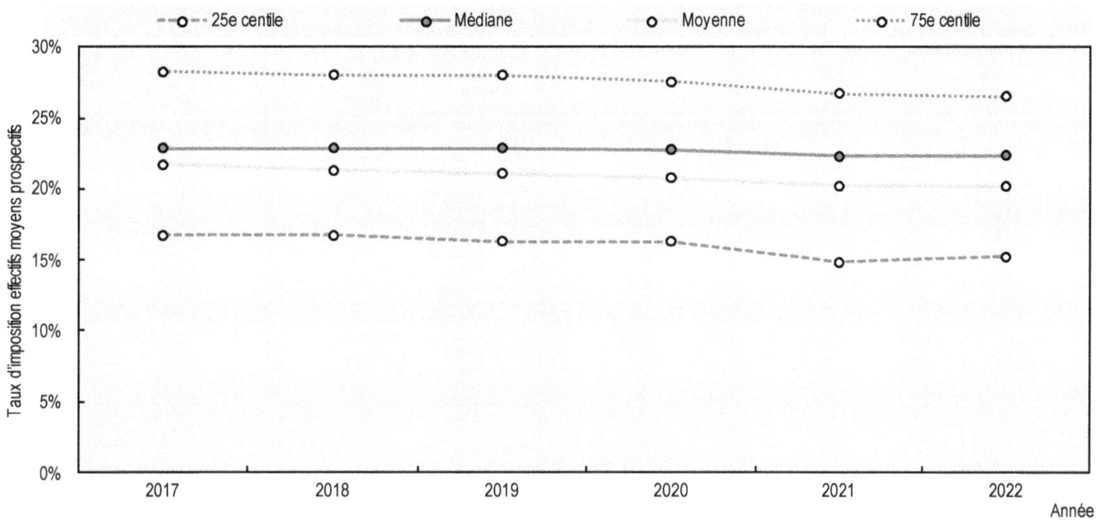

Note : Les taux d'imposition effectifs moyens sont calculés en partant de l'hypothèse d'un taux d'inflation fixe de 1 %, d'un taux d'intérêt réel fixe de 3 % et d'un taux de rendement des investissements de 0 %. D'autres paramètres sont décrits dans l'annexe explicative sur le taux effectif d'imposition qui accompagne les Statistiques de l'impôt sur les sociétés. https://www.oecd.org/tax/tax-policy/explanatory-annex-corporate-effective-tax-rates.pdf.

StatLink https://stat.link/vb95m1

Taux marginaux d'imposition effectifs

Le Graphique 3.3 présente le classement des juridictions en fonction du TMIE composite. Comme souligné plus haut, le TMIE mesure les effets de l'imposition sur le taux de rendement avant impôt que les investisseurs doivent atteindre pour rentabiliser leur investissement. Même si l'amortissement fiscal et les paramètres macroéconomiques ont le même type d'effet que dans le cas du TIEM, leur incidence sur le TMIE est généralement plus forte parce que les projets marginaux ne dégagent pas de profit économique (voir Encadré 3.1). Par conséquent, les juridictions où le taux légal de l'IS est relativement élevé et où les déductions pour amortissement sont relativement généreuses, comme les États-Unis, l'Italie et le Royaume-Uni, se situent à un niveau plus bas du classement que sur le Graphique 3.1. . À l'inverse, comme le montre le Graphique 3.3, celles où les déductions pour amortissement sont moins généreuses, notamment l'Argentine, le Japon, la Papouasie–Nouvelle-Guinée, la Nouvelle-Zélande et le Pérou (ainsi que le Botswana, le Chili et la Tchéquie) se situent à un niveau plus élevé lorsque le classement repose sur le TMIE.

Graphique 3.3. Taux marginaux d'imposition effectifs, 2022

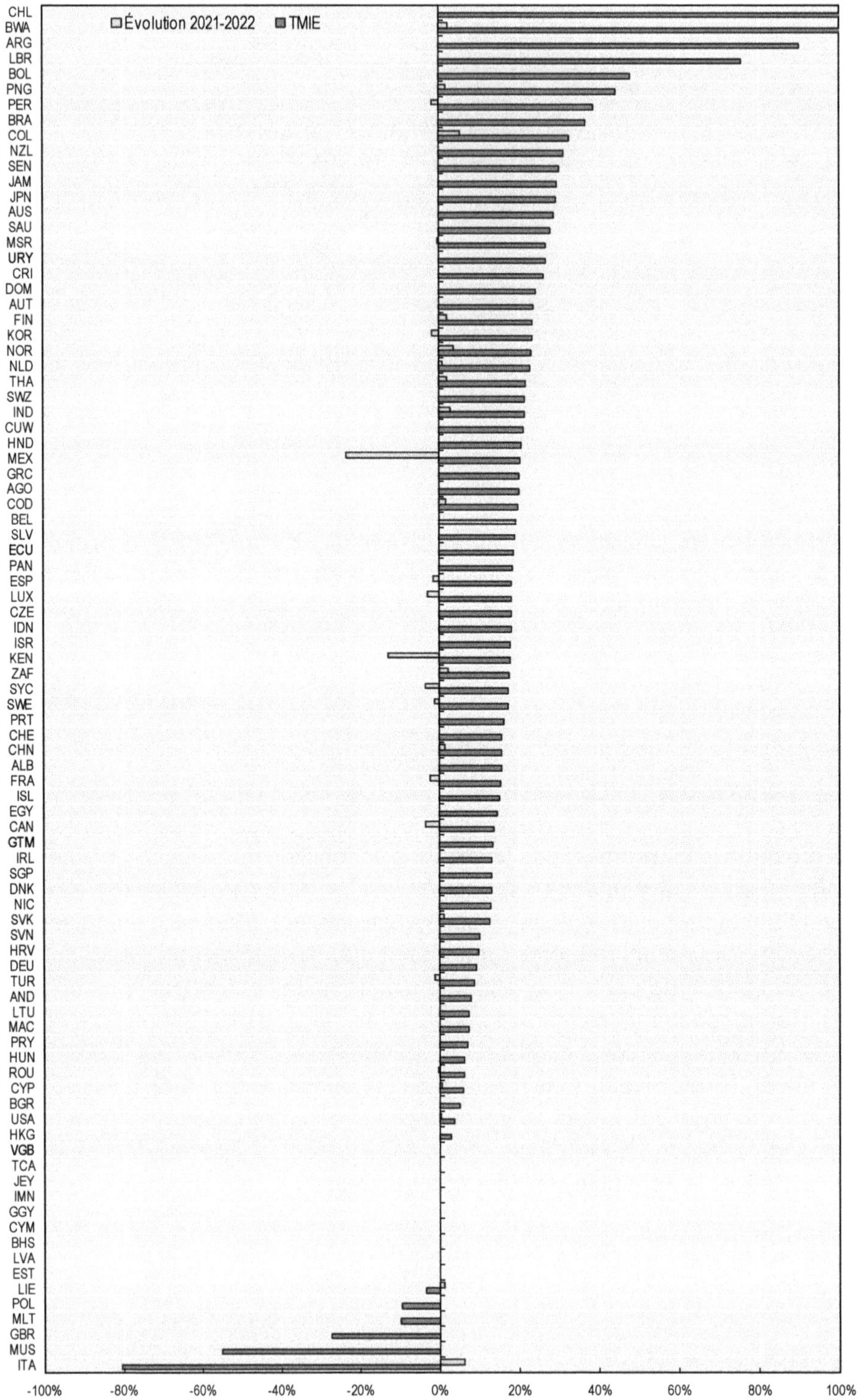

Note : Les taux d'imposition effectifs moyens sont calculés en partant de l'hypothèse d'un taux d'inflation fixe de 1 %, d'un taux d'intérêt réel fixe de 3 % et d'un taux de rendement des investissements de 0 %. Le TMIE est calculé en appliquant la définition du taux avant incidence de l'impôt (encadré 3.1). D'autres paramètres sont décrits dans l'annexe explicative sur le taux effectif d'imposition qui accompagne les Statistiques de l'impôt sur les sociétés. https://oe.cd/5hb.

StatLink https://stat.link/u4kl1v

Si les projets d'investissement sont financés par l'emprunt, le taux marginal d'imposition effectif peut aussi être négatif, ce qui signifie que le système fiscal, notamment du fait de la déductibilité des intérêts, fait baisser le rendement avant impôt nécessaire pour atteindre le seuil de rentabilité et permet ainsi de réaliser des projets qui n'auraient pas été viables économiquement en l'absence de ce régime. Le Graphique 3.3 montre que le taux marginal d'imposition effectif composite, établi sur la base d'une moyenne pondérée entre les projets financés par capitaux propres et ceux financés par emprunt, est négatif dans 8 des 89 juridictions, ce qui est dû à l'effet conjugué du financement par emprunt et de règles d'amortissement fiscal relativement généreuses. Dans le cas des juridictions autorisant les déductions pour fonds propres, le TMIE composite est en règle générale moins élevé en raison de la déductibilité d'intérêts notionnels au titre des projets financés par capitaux propres.

Si l'on compare les TMIE de 2022 à ceux de l'année précédente, on constate que les évolutions survenues dans les dispositions fiscales relatives à l'impôt sur les sociétés prises en compte dans les calculs ont eu des effets non négligeables sur les TMIE de plusieurs pays. Seize juridictions ont revu à la baisse la générosité des règles d'amortissement, ce qui s'est traduit par une augmentation de leur TMIE entre 2021 et 2022 ; c'est le cas de l'Italie (6.1 points), entre autres. En revanche, 13 juridictions ont renforcé la générosité de ces règles, si bien que leur TMIE a diminué en 2022. C'est le cas du Mexique (23.2 points), du Kenya (12.6 points), du Canada (3.3 points), du Luxembourg (2.7 points) et du Pérou (1.7 point). En 2022, le TMIE a également diminué en France, aux Seychelles et en Türkiye, en raison de la baisse du taux légal d'imposition.

Graphique 3.4. Évolution de la distribution des taux marginaux d'imposition effectifs, 2017-2022

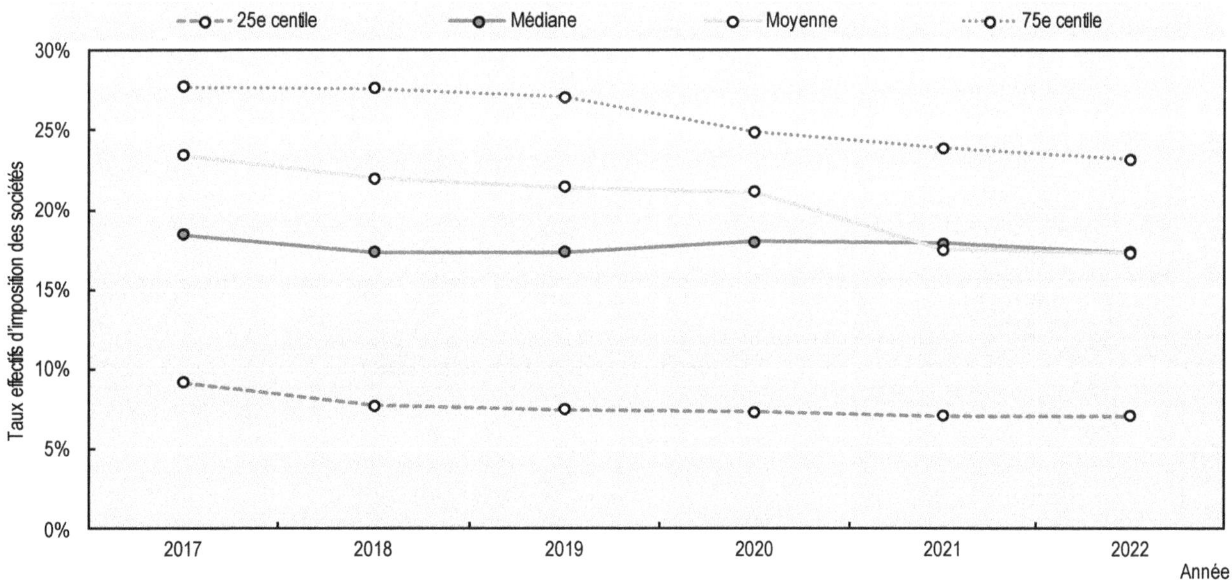

Note : Les taux d'imposition effectifs moyens sont calculés en partant de l'hypothèse d'un taux d'inflation fixe de 1 %, d'un taux d'intérêt réel fixe de 3 % et d'un taux de rendement des investissements de 0 %. Le TMIE est calculé en appliquant la définition du taux avant incidence de l'impôt (encadré 3.1). D'autres paramètres sont décrits dans l'annexe explicative sur le taux effectif d'imposition qui accompagne les Statistiques de l'impôt sur les sociétés. https://www.oecd.org/tax/tax-policy/explanatory-annex-corporate-effective-tax-rates.pdf.

StatLink https://stat.link/a51xwv

La distribution des TMIE a connu une tendance générale à la baisse entre 2017 et 2022 sur l'ensemble de la distribution. Le TMIE médian est passé de 18.4 % en 2017 à 17.3 % en 2022, tandis qu'en haut et en bas de la distribution, les taux correspondant au 75e centile et au 25e centile sont passés respectivement de 27.7 % et 9.2 % en 2017 à 23.2 % et 7.1 % en 2022.

Taux effectifs d'imposition par catégories d'actifs

Les TEI composites peuvent être décomposés par catégories d'actifs. Les TIEM et les TMIE par catégories d'actifs et par juridiction sont disponibles dans la version en ligne de la *Base de données des statistiques de l'impôt sur les sociétés*. Le Graphique 3.5 en présente une synthèse. La partie supérieure du graphique donne des indications supplémentaires sur la distribution des TIEM par type d'actifs, en les comparant à la répartition des taux légaux. La première ligne verticale renseigne sur les taux légaux ; elle montre que la moyenne (représentée par le cercle situé au centre de la première ligne verticale) et la médiane (représentée par le triangle bleu clair) s'établissent à environ 21.4 % et 25 % respectivement, tandis que les juridictions situées dans l'intervalle interquartile de la distribution affichent des taux légaux compris entre 18.5 % et 27.3 %.

Les quatre autres lignes verticales de la partie supérieure du Graphique 3.5 illustrent la répartition des TIEM par juridiction pour chacune des quatre catégories d'actifs : bâtiments, actifs corporels, stocks et logiciels acquis. Étant donné que les caractéristiques économiques et fiscales varient davantage d'un actif corporel à l'autre, cette catégorie résume les informations sur les investissements dans plusieurs actifs corporels spécifiques, à savoir les véhicules de transport aérien, ferroviaire et par voie d'eau, les véhicules de transport routier, le matériel informatique, les machines et équipements industriels (voir encadré 3.2).

Graphique 3.5. Variation du taux d'imposition effectif moyen et du taux marginal d'imposition effectif selon les juridictions et les actifs, 2022

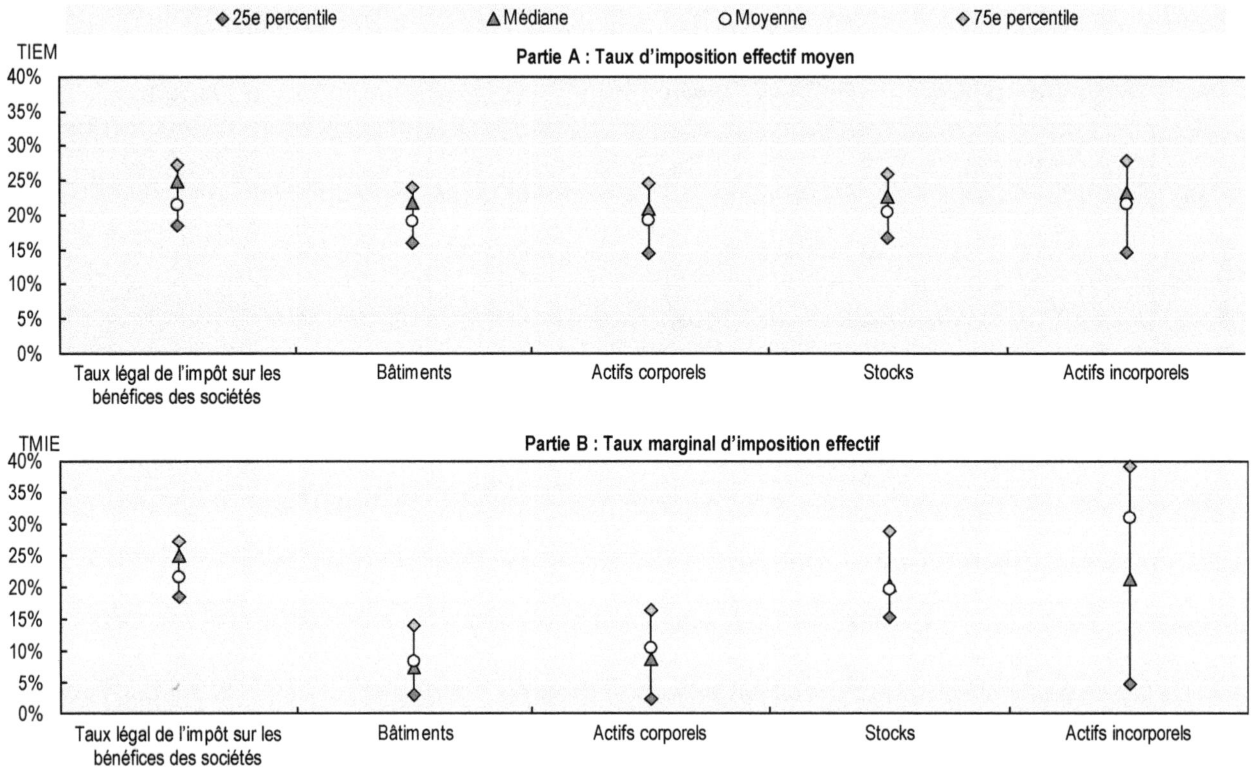

Note : Les taux d'imposition effectifs moyens sont calculés en partant de l'hypothèse d'un taux d'inflation fixe de 1 %, d'un taux d'intérêt réel fixe de 3 % et d'un taux de rendement des investissements de 0 %. Le TMIE est calculé en appliquant la définition du taux avant incidence de l'impôt (encadré 3.1). D'autres paramètres sont décrits dans l'annexe explicative sur le taux effectif d'imposition qui accompagne les Statistiques de l'impôt sur les sociétés. https://www.oecd.org/tax/tax-policy/explanatory-annex-corporate-effective-tax-rates.pdf.

StatLink https://stat.link/x5f6oe

Une comparaison des quatre grandes catégories d'actifs et des taux légaux de l'IS révèle que la répartition des TIEM est plus condensée pour les investissements dans les bâtiments, l'intervalle interquartile de la distribution allant de 16.1 % et 24.1 %. S'agissant des investissements dans les actifs corporels, les juridictions de l'intervalle interquartile de la distribution affichent des TIEM compris entre 14.5 % et 24.6 % environ. Toutefois, le TIEM moyen (19.4 %) pour les investissements dans les actifs corporels est inférieur d'environ 1.6 point de pourcentage à la médiane (21.0 %), ce qui indique que les TIEM sont beaucoup plus faibles pour ce type d'investissement dans certaines juridictions. En ce qui concerne les investissements dans les deux autres catégories d'actifs, la répartition est similaire à celle du taux légal de l'IS.

La partie inférieure du graphique représente la distribution des TMIE pour chacune des quatre grandes catégories d'actifs. Ce graphique permet de tirer les enseignements suivants :

- Les investissements dans les bâtiments et les actifs corporels bénéficient d'un amortissement fiscal accéléré plus souvent que les autres investissements ; il s'ensuit que les TMIE sont généralement plus faibles, et la distribution est plus condensée par rapport à celle du taux légal de l'IS.
- Les investissements dans les bâtiments affichent des TMIE compris entre 2.9 % et 14.0 % dans la moitié des juridictions couvertes.
- Les investissements dans les stocks bénéficient généralement d'un taux marginal d'imposition effectif inférieur au taux légal, mais dans une moindre mesure que les deux premières catégories d'actifs.
- Le traitement fiscal des investissements dans les logiciels acquis présente de plus grandes disparités entre les juridictions, comme en atteste la longueur de la ligne correspondant à cette catégorie d'actifs, comprise entre 4.7 % et 39.1 % environ.

Graphique 3.6. Évolution de la distribution des TIEM par actifs, 2017-2022

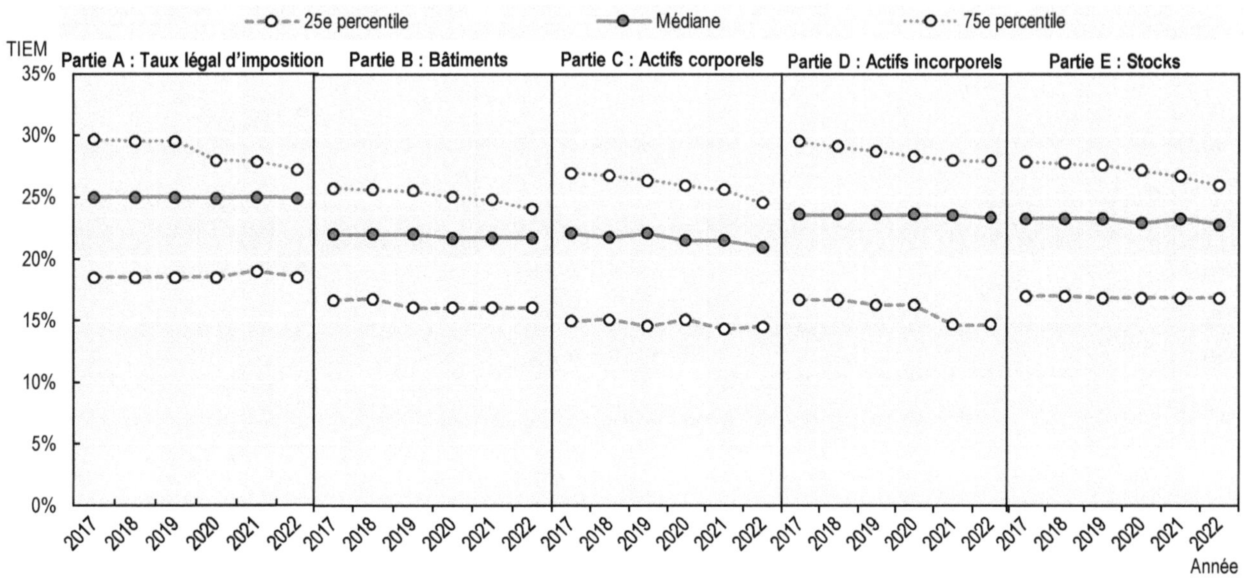

Note : Les taux d'imposition effectifs moyens sont calculés en partant de l'hypothèse d'un taux d'inflation fixe de 1 %, d'un taux d'intérêt réel fixe de 3 % et d'un taux de rendement des investissements de 0 %. D'autres paramètres sont décrits dans l'annexe explicative sur le taux effectif d'imposition qui accompagne les Statistiques de l'impôt sur les sociétés. https://www.oecd.org/tax/tax-policy/explanatory-annex-corporate-effective-tax-rates.pdf.

StatLink https://stat.link/wy4gs7

Si l'on compare le Graphique 3.2 au Graphique 3.6, il apparaît que la tendance à la baisse des TIEM entre 2017 et 2018 n'a pas concerné de façon uniforme tous les groupes d'actifs et leurs distributions respectives. Alors que le TIEM composite correspondant au 25e centile a diminué entre 2017 et 2018, les taux du 25e centile qui s'appliquent aux bâtiments et aux actifs corporels (parties B et C) ont augmenté au cours de ces deux années. La partie D montre une forte baisse du TIEM dans le haut de la distribution entre 2017 et 2018 sous l'effet de certaines réformes fiscales dans les pays où le TIEM était en moyenne élevé au cours de l'année précédente. En revanche, entre 2020 et 2021, la baisse des TIEM des actifs incorporels a été plus marquée dans les juridictions situées dans la partie inférieure de la distribution. L'évolution de la médiane dans chaque partie indique qu'entre 2017 et 2021, la tendance à la baisse des taux légaux d'imposition a été plus prononcée que celle observée pour les TIEM par type d'actif (sauf pour les stocks qui suivent une tendance presque identique à celle des taux légaux d'imposition tout au long de la période).

Si l'on compare les TMIE médians au fil du temps, les taux qui s'appliquent aux actifs corporels et aux bâtiments sont nettement plus faibles que pour les autres catégories d'actifs. Le Graphique 3.7 montre la distribution des TMIE par type d'actifs et dans le temps. La dispersion des TMIE est particulièrement marquée pour les actifs incorporels acquis (partie D). Cela tient aux différences importantes qui existent entre les règles d'amortissement fiscal applicables aux logiciels acquis dans les différentes juridictions. Plusieurs juridictions figurant dans la base de données appliquent des règles d'amortissement très strictes aux logiciels acquis. Dans certains cas, ils ne sont pas amortissables, ce qui fait que le TMIE de cette catégorie d'actifs est supérieur au taux légal d'imposition. La dispersion des TMIE des actifs corporels a notamment eu tendance à diminuer au fil du temps.

Graphique 3.7. Évolution de la distribution des TMIE par actifs, 2017-2022

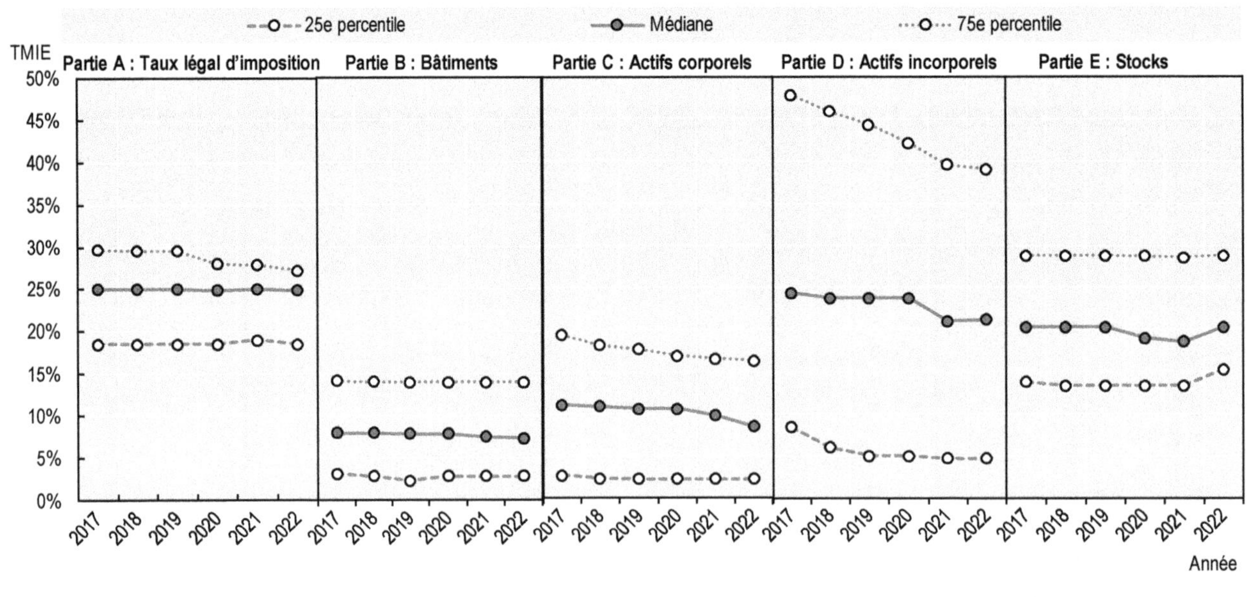

Note : Les taux d'imposition effectifs moyens sont calculés en partant de l'hypothèse d'un taux d'inflation fixe de 1 %, d'un taux d'intérêt réel fixe de 3 % et d'un taux de rendement des investissements de 0 %. Le TMIE est calculé en appliquant la définition du taux avant incidence de l'impôt (encadré 3.1). D'autres paramètres sont décrits dans l'annexe explicative sur le taux effectif d'imposition qui accompagne les Statistiques de l'impôt sur les sociétés. https://www.oecd.org/tax/tax-policy/explanatory-annex-corporate-effective-tax-rates.pdf.

StatLink https://stat.link/1nmvb3

Lorsque l'on compare la distribution des TMIE détaillée par catégorie d'actifs avec celle des TIEM, la première — comme le montre le Graphique 3.7 — présente une plus grande hétérogénéité à la fois au sein des catégories d'actifs et entre ces catégories. Le graphique montre qu'au cours des années examinées, le TMIE applicable aux investissements dans les bâtiments et les actifs corporels ainsi que le TMIE applicable aux stocks sont systématiquement inférieurs au taux légal d'imposition. Le TMIE des bâtiments et des actifs corporels est inférieur à 5 % sur la période 2017-2022, tandis que le taux légal d'imposition médian reste supérieur à 20 %. Cette différence s'explique par le fait que ces types d'actifs bénéficient généralement d'un amortissement fiscal généreux, ce qui réduit considérablement le coût du capital (un élément clé dans le calcul du TMIE) et, partant, la charge fiscale effective pesant sur les investissements à la marge intensive.

L'évolution de la distribution du TMIE par type d'actif met en évidence les effets de certaines réformes fiscales. Alors que le Graphique 3.4 montre une baisse des TMIE entre 2020 et 2021, on observe dans le détail que cette baisse n'a pas été uniforme entre les groupes d'actifs ni au sein des distributions respectives des groupes d'actifs. La partie C montre que cette baisse est imputable pour une part importante à l'allégement de la charge fiscale sur les investissements marginaux dans les actifs corporels — en particulier dans les juridictions situées au sommet de la distribution, comme le Danemark et l'Allemagne, où le TMIE des actifs corporels a diminué de 6.4 et 11.6 points, respectivement. Au cours de ces deux années, les 75e et 25e centiles ainsi que la médiane des TMIE applicables aux inventaires et aux bâtiments sont restés à peu près constants. En revanche, le 25e centile de la partie D a augmenté au cours de cette période.

Bibliographie

BEA (2003), *Fixed Assets and Consumer Durable Goods in the United States, 1925-97*, U.S. Bureau of Economic Analysis, https://www.bea.gov/node/24441 (consulté le 18 février 2023). [4]

Devereux, M. et R. Griffith (2003), « Evaluating tax policy for location decisions », *International Tax and Public Finance*, vol. 10, n° 2, pp. 107-126, https://doi.org/10.1023/A:1023364421914. [3]

Devereux, M. et R. Griffith (1998), « The taxation of discrete investment choices », https://www.econstor.eu/handle/10419/90851 (consulté le 18 février 2023). [2]

Hanappi, T. (2018), « Corporate Effective Tax Rates : Model Description and Results from 36 OECD and Non-OECD Countries », *Documents de travail de l'OCDE sur la fiscalité*, n° 38, Éditions OCDE, Paris, https://www.oecd-ilibrary.org/taxation/corporate-effective-tax-rates_a07f9958-en (consulté le 18 février 2023). [1]

Notes

[1] En 2021, la Belgique a introduit dans sa législation un taux d'intérêt notionnel de 0 %, ce qui signifie que les déductions pour fonds propres sont sans effet en 2021 et 2022.

[2] Hors Belgique.

[3] Le Royaume d'Arabie saoudite prélève un impôt sur les sociétés au taux de 20 % sur les parts d'un non-Saoudien dans une société résidente ou sur les revenus d'un non-résident provenant d'un établissement stable situé en Arabie saoudite ou sur le revenu d'une entreprise exerçant son activité dans le secteur du gaz naturel. Les entreprises saoudiennes opérant dans le secteur du pétrole sont également soumises à un taux d'impôt sur les sociétés plus élevé (50 % ou plus). Le royaume saoudien prélève aussi la Zakat, qui est un impôt assis à la fois sur les bénéfices et sur les fonds propres. La Zakat est prélevée au taux de 2.5 % sur les parts d'un Saoudien dans une société résidente (sont aussi concernés les ressortissants des pays du Conseil de coopération du Golfe ayant une entreprise établie en Arabie saoudite), mais comme il s'agit d'un impôt assis sur les bénéfices et les fonds propres, son rendement est plus élevé en termes effectifs. Les autorités saoudiennes assimilent la Zakat à un impôt sur les sociétés prélevé sur une assiette différente. La Zakat est également considérée comme un impôt couvert au sens des règles GloBE dans le rapport sur le blueprint du Pilier deux (OCDE, 2020). Pour calculer les TEI prospectifs, trois catégories de contribuables sont prises en compte : (i) les sociétés étrangères et les sociétés nationales ou étrangères exerçant une activité dans le secteur du gaz naturel, imposées au taux de 20 %, (ii) les sociétés nationales et étrangères opérant dans le secteur des hydrocarbures, imposées au taux de 50 %, (iii) les autres sociétés nationales, qui ne sont redevables que de la Zakat, prélevée au taux de 2.5 %. Les résultats concernant ces trois groupes de contribuables sont pondérés en fonction de leurs parts respectives du chiffre d'affaires, à savoir 18.17 % pour le groupe (i), 28.72 % pour le groupe (ii), et 53.11 % pour le groupe (iii). Le TIEM composite correspond à la combinaison des composantes non colorée et bleue de chaque barre.

4 Incitations fiscales en faveur de la recherche et développement

Informations clés

- Les incitations fiscales en faveur de la recherche et développement (R-D) sont de plus en plus utilisées pour promouvoir la R-D dans les entreprises. En 2021, 33 des 38 pays membres de l'OCDE offraient des réductions d'impôts au titre des dépenses de R-D, contre 19 en 2000.
- La plupart des juridictions associent aides directes et réductions d'impôts, mais le dosage de ces mesures varie. Les incitations fiscales ont gagné du terrain au fil du temps et sont de plus en plus utilisées pour soutenir financièrement la R-D des entreprises.
- En 2022, le taux d'imposition effectif moyen sur la R-D le plus bas a été observé en Irlande, en Pologne et en Lituanie, ces juridictions offrant davantage d'incitations fiscales aux entreprises pour les encourager à localiser leurs investissements dans la R-D sur leur territoire.
- C'est au Portugal, en Pologne et en France que le coût du capital de la R-D a été le plus bas en 2022, ces juridictions accordant davantage d'incitations fiscales aux entreprises pour les inciter à accroître leurs investissements dans la R-D.
- Si l'on isole l'impact des incitations fiscales à la R-D, c'est au Portugal, en France et en Pologne que le traitement fiscal préférentiel offert pour les investissements de R-D rentables et marginaux a été le plus avantageux en 2022.
- S'agissant des petites et moyennes entreprises (PME) profitables, c'est en Colombie, en Islande et au Portugal que les taux marginaux implicites de subvention fiscale ont été les plus élevés en 2022.
- En 2022, 21 des 33 pays de l'OCDE qui offrent des incitations fiscales proposent des crédits d'impôt remboursables ou des incitations équivalentes. En Australie, au Canada et en France, ces dispositions ciblent explicitement les PME et les jeunes entreprises plutôt que les grandes entreprises.
- En moyenne, les incitations fiscales en faveur de la R-D sont devenues plus généreuses au fil du temps. Cette évolution s'explique par une plus grande utilisation de ces mesures et par une augmentation de leur générosité. Si cette tendance s'est stabilisée entre 2013 et 2019, un rebond est observé en 2020 et ce sursaut s'est poursuivi jusqu'en 2022.

La stimulation de l'investissement des entreprises dans la R-D figure en bonne place dans le programme d'action de nombreuses juridictions en faveur de l'innovation. Pendant les dernières décennies, les incitations fiscales ont largement été utilisées par les autorités pour promouvoir la R-D dans les entreprises. Dans plusieurs juridictions, elles s'ajoutent au soutien direct, comme les subventions ou la commande publique de services de R-D. Elles peuvent revêtir la forme d'allégements fiscaux au titre des dépenses de R-D, notamment des salaires des personnels de R-D, et/ou d'avantages visant les revenus tirés des activités de R-D, par exemple de l'exploitation des brevets. Les indicateurs mentionnés dans cette section se rapportent à des incitations fiscales appliquées aux dépenses. Une vue d'ensemble des incitations fiscales ciblant les revenus est présentée dans la section consacrée aux régimes de propriété intellectuelle. La conception des dispositifs d'allégement fiscal au titre des dépenses varie considérablement d'une juridiction à l'autre et au fil du temps, ce qui a une incidence sur la générosité implicite des incitations fiscales en faveur de la R-D.

Indicateurs d'incitations fiscales en faveur de la R-D

La Base de données des statistiques de l'impôt sur les sociétés comprend deux séries d'indicateurs des incitations fiscales en faveur de la R-D. Ces deux séries apportent un éclairage complémentaire sur l'importance des aides à la R-D accordées par le biais des incitations fiscales visant les dépenses.

La première reflète le coût de ces incitations pour les pouvoirs publics :

- L'indicateur des allégements fiscaux en faveur de la R-D des entreprises englobe des estimations des recettes non perçues (et des remboursements) en raison des incitations offertes aux niveaux national et infranational, lorsqu'il en existe et lorsque les données nécessaires à leur calcul sont disponibles. Il est complété par des chiffres sur le financement direct de la R-D dans les entreprises, ce qui permet d'apprécier le total des aides publiques en faveur de la R-D des entreprises.
- Ces deux indicateurs, compilés par la Direction de la science, de la technologie et de l'innovation de l'OCDE, sont disponibles pour 49 juridictions – les pays membres de l'OCDE et 11 économies partenaires - pour la période 2000-20.

La deuxième série est constituée d'indicateurs synthétiques de la politique fiscale qui mesurent l'effet des incitations fiscales visant les dépenses de R-D sur les coûts d'investissement des entreprises (voir Encadré 4.1) :

- Le TIEM de la R-D mesure l'impact de la fiscalité sur les investissements de R-D qui génèrent un bénéfice économique.
- Le coût du capital pour un investissement dans la R-D mesure le rendement avant impôt qu'une entreprise doit retirer de cet investissement pour compenser tous les coûts et impôts qui en découlent et dégager un profit économique nul.
- Les taux marginaux implicites de subvention fiscale aux dépenses de R-D (1 moins l'indice B) reflètent la conception et la générosité implicite des incitations fiscales en faveur de la R-D à destination des entreprises pour une unité supplémentaire de dépense de R-D. L'indice B indique dans quelle mesure les différents systèmes fiscaux réduisent le coût effectif de la R-D.

Ce deuxième jeu d'indicateurs est disponible pour 48 pays – les pays membres de l'OCDE et 10 économies partenaires. Les indicateurs du coût du capital et du TIEM sont disponibles pour la période 2019-22 et concernent les grandes entreprises, en capacité d'utiliser pleinement leurs avantages fiscaux. Les grandes entreprises sont à l'origine de la majeure partie des activités de R-D dans la plupart des pays de l'OCDE (OCDE, 2023[1]) (Dernis et al., 2019[2]). Les indicateurs du TIEM et du coût du capital sont produits par le Centre de politique et d'administration fiscales et la Direction de la science, de la technologie et de l'innovation de l'OCDE. L'indice B, élaboré par la Direction de la science, de la technologie et de l'innovation de l'OCDE, couvre un plus large éventail de scénarios (PME ; grandes entreprises ; entreprises profitables et entreprises déficitaires) sur la période 2000-22.

Dans la présente section, les indicateurs des TEI et du coût du capital de la R-D couvrent un champ plus large que les TEI des sociétés présentés dans les précédentes section afin de tenir compte des actifs de R-D générés en interne, autrement dit qui sont le résultats des propres activités de R-D d'une entreprise.[1]

Aides publiques en faveur de la R-D dans les entreprises

Les indicateurs relatifs aux allégements fiscaux en faveur de la R-D, associés aux données sur le financement direct de la R-D, donnent une image plus complète des efforts déployés par les pouvoirs publics afin de promouvoir la dépense intérieure de R-D des entreprises (DIRDE). Pris ensemble, ces indicateurs facilitent les comparaisons entre les juridictions des mesures mises en œuvre par les autorités à l'appui de la R-D et permettent d'en suivre les évolutions au fil du temps.

Graphique 4.1. Aides publiques directes et incitations fiscales en faveur de la R-D (DIRDE), 2020

En pourcentage du produit intérieur brut (PIB).

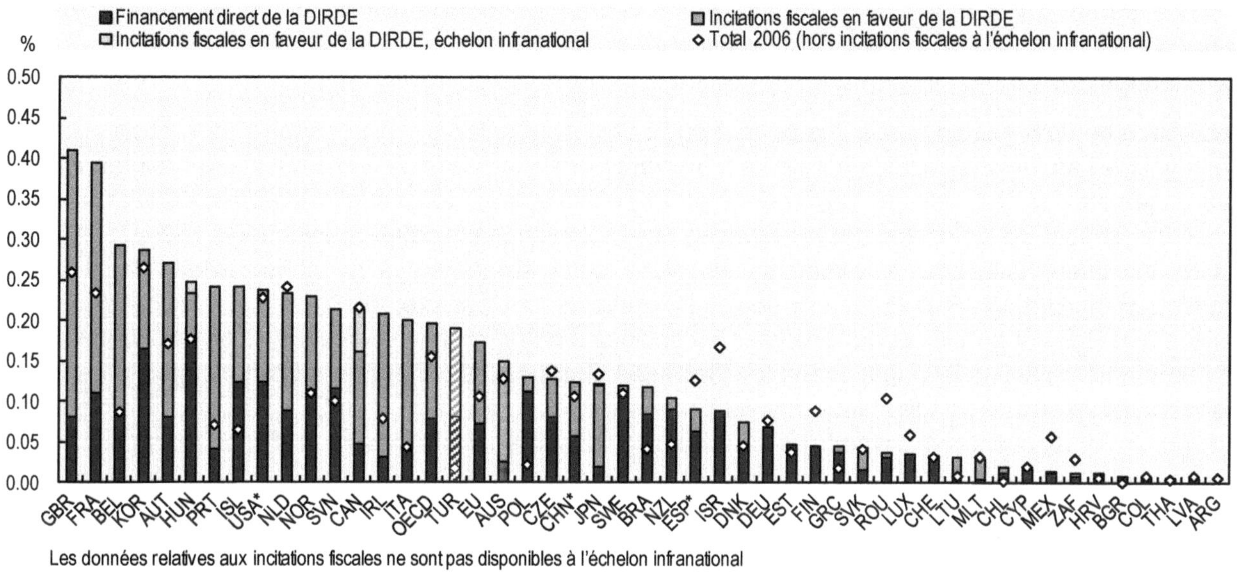

Données et notes : https://stats.oecd.org/Index.aspx?DataSetCode=RDTAX. Données chronologiques disponibles pour 2000-20.
Source : OECD (2023), R&D Tax Incentive Database, http://oe.cd/rdtax, avril 2023, (consultée en septembre 2023).

StatLink https://stat.link/6jg7lw

Entre 2006 et 2020, le total des aides publiques à la R-D des entreprises (aides publiques directes et incitations fiscales nationales), exprimé en pourcentage du PIB, a augmenté dans 31 des 46 juridictions pour lesquelles des données sont disponibles. Le Royaume-Uni, la France et l'Autriche sont les pays où le niveau des aides a été le plus élevé en 2020. Les incitations fiscales en faveur de la R-D offertes au niveau infranational ont représenté 25 % du total des aides fiscales au Canada en 2020 ; elles ont joué un rôle plus modeste en Hongrie et au Japon (près de 5 % et 1 % du total des aides fiscales, respectivement).

La plupart des juridictions offrent à la fois des aides directes et un soutien indirect à la R-D, mais le poids relatif de ces différentes mesures est variable. En 2020, 16 pays membres de l'OCDE ont fourni plus de 50 % de l'aide publique à la R-D des entreprises par le biais du système fiscal, un pourcentage qui monte à 75 % ou plus dans sept juridictions de l'OCDE : Australie, Colombie, Irlande, Italie, Japon, Lituanie et Portugal. La même année, sept pays membres n'accordaient qu'un soutien direct : l'Allemagne, l'Estonie, la Finlande, Israël, la Lettonie, le Luxembourg et la Suisse.

Prises ensemble, les estimations des séries chronologiques relatives aux allégements fiscaux au titre des dépenses de R-D et aux aides directes permettent d'apprécier l'évolution de l'articulation des moyens d'action des pouvoirs publics. Ces dernières années, les incitations fiscales en faveur de la R-D ont pris une place plus importante dans de nombreuses juridictions. En 2020, leur part dans l'aide publique totale avait augmenté par rapport à 2006 dans 27 des 36 pays membres de l'OCDE pour lesquels des données sont disponibles. On peut en déduire que le soutien à la R-D connaît une évolution qui limite la place des décisions discrétionnaires dans la plupart des juridictions, à quelques exceptions près – le Canada et la Hongrie, par exemple, ont davantage recours au soutien direct que par le passé.

Mesurer le traitement fiscal préférentiel en faveur de la R-D

Les incitations fiscales en faveur de la R-D présentent des caractéristiques très hétérogènes selon les pays, différences qui s'ajoutent à celles existant au niveau des régimes normaux d'imposition des bénéfices des sociétés. Les indicateurs fondés sur les taux effectifs d'imposition prospectifs sont donc utiles pour mesurer de manière synthétique l'effet de la fiscalité sur les décisions d'investissement dans la R-D des entreprises. Parce qu'ils sont calculés sur la base d'une composition fixe de cet investissement, ils permettent de comparer le traitement fiscal préférentiel accordé aux investissements dans la R-D dans les différents pays.

Cette base de données constitue une boîte à outils utile pour aider les responsables de l'action publique à analyser les incitations dont les entreprises peuvent bénéficier via le système fiscal pour accroître leurs investissements en R-D dans un pays donné ou (re)localiser leurs fonctions de R-D, en tenant compte à la fois de l'impact de la fiscalité des entreprises et des incitations fiscales spécifiques à la R-D. Le TIEM est un indicateur utile pour analyser les décisions d'investissement à la marge extensive (décision d'investir ou non dans la R-D et choix du lieu de l'investissement, par exemple) tandis que le coût du capital destiné à la R-D est précieux pour analyser les décisions à la marge intensive (décision sur l'ampleur de l'investissement dans la R-D, par exemple). Ces indicateurs sont axés sur les incitations qui s'offrent aux grandes entreprises, à l'origine de la majeure partie des activités de R-D (OCDE, 2023[1] ; Dernis et al., 2019[2]), et ils reposent sur l'hypothèse que les entreprises sont en mesure d'utiliser pleinement leurs avantages fiscaux.

Les pouvoirs publics mettent souvent en place des dispositions spécifiques pour cibler certains types d'entreprises et promouvoir la R-D parmi celles qui ne peuvent pas toujours utiliser pleinement leurs avantages fiscaux. L'indice B, qui est étroitement lié au coût du capital, constitue également un indicateur utile pour analyser les décisions d'investissement dans la R-D à la marge intensive et comparer les taux implicites de subventions fiscales à la R-D entre différents types d'entreprises (PME et grandes entreprises) et scénarios de rentabilité (entreprises profitables et entreprises déficitaires). L'Encadré 4.1 fournit une vue d'ensemble de ces trois indicateurs.

Encadré 4.1. Trois indicateurs complémentaires de la générosité des aides fiscales en faveur de la R-D

Le coût du capital, l'indice B et le TIEM sont liés sur le plan théorique et reposent sur la même modélisation des incitations fiscales à la R-D. L'indice B et le coût du capital, en tant qu'indicateurs du coût de la R-D pour une unité marginale de dépenses de R-D, sont utilisés dans la littérature économique pour évaluer les décisions d'investissement des entreprises à la marge intensive, par exemple concernant le montant à investir dans la R-D.

L'**indice B** permet de comparer la générosité des incitations fiscales à la R-D, autrement dit leur capacité à réduire le coût initial de l'investissement abstraction faite de ses modalités de financement. Parce qu'il est centré sur la composante fiscale du coût du capital, l'indice B n'exige pas de retenir des hypothèses relatives au taux d'amortissement de la R-D, généralement difficile à mesurer, et rend directement compte de la variation du traitement fiscal induit par les incitations fiscales à la R-D.

Le **coût du capital** complète l'indice B parce qu'il tient compte des coûts et impôts supplémentaires liés à l'investissement dans la R-D. Le coût du capital pouvant en principe refléter une différence au niveau de la dépréciation économique entre les divers types d'actifs et options de financement, il facilite aussi l'analyse de différents types de projets de R-D. Enfin, le coût du capital constitue également un point de départ pour le calcul du TIEM.

Le **TIEM** complète les indicateurs précédents en ce qu'il rend compte de l'effet de l'imposition sur les investissements rentables. De ce fait, il constitue l'indicateur idoine pour évaluer les décisions d'investissement à la marge extensive (décision d'investir ou non dans la R-D). Ensemble, ces trois outils de mesure constituent un jeu d'indicateurs complémentaires permettant d'évaluer l'impact de la fiscalité sur les décisions des entreprises en matière d'investissement dans la R-D.

Source : (González Cabral, Appelt et Hanappi, 2021[3]).

Incitations à la marge extensive

La comparaison des TIEM des investissements dans la R-D entre les pays donne un aperçu des incitations offertes par le système fiscal de chaque pays pour attirer des investissements rentables dans la R-D sur son sol (Partie A). C'est en Irlande, en Pologne et en Lituanie que les TIEM applicables aux investissements dans la R-D réalisés par les grandes entreprises sont les plus faibles et à Malte, en Argentine et au Costa Rica qu'ils sont les plus élevés. Le TIEM est généralement plus faible dans les juridictions où les taux d'imposition légaux sont relativement bas ou dans celles où les dispositions relatives à la base d'imposition sont plus généreuses, qu'il s'agisse des dispositions fiscales générales ou de celles concernant spécifiquement les investissements dans la R-D.

Afin d'évaluer le traitement fiscal préférentiel dont bénéficient les investissements dans la R-D par rapport à d'autres, il est utile de calculer le TIEM supporté par des investissements comparables auxquels les incitations fiscales en faveur de la R-D ne s'appliquent pas. Lorsqu'elles existent, les incitations fiscales en faveur de la R-D réduisent le coût effectif de la R-D ainsi que les TIEM des entreprises, comme en témoigne le fait que dans la partie A, les losanges sont situés au-dessous des cercles. L'ampleur de la réduction, présentée dans la Partie B, dépend de la générosité des incitations fiscales à la R-D offertes dans chaque juridiction, générosité qui est étroitement liée à la conception de ces dispositions. Ce graphique ne prend en compte que l'impact des dispositions fiscales sur le soutien à la R-D : des réductions modestes, comme en Suède ou aux États-Unis, peuvent traduire un plus grand recours au soutien direct.

La différence entre les deux TIEM permet d'évaluer le traitement fiscal préférentiel accordé à la R-D dans une juridiction donnée, indépendamment des dispositions fiscales de référence applicables à tous les types d'investissements. Cette évaluation à l'échelle du pays montre que la France, suivie de la Pologne et du Portugal, sont les juridictions qui accordent aux investissements dans la R-D le traitement fiscal préférentiel le plus généreux. L'absence de barres signifie que, dans la juridiction, la R-D ne bénéficie pas d'un traitement fiscal préférentiel par rapport aux autres types d'investissement – c'est par exemple le cas au Costa Rica et au Luxembourg.

Graphique 4.2. Taux d'imposition effectif moyen de la R-D, 2022

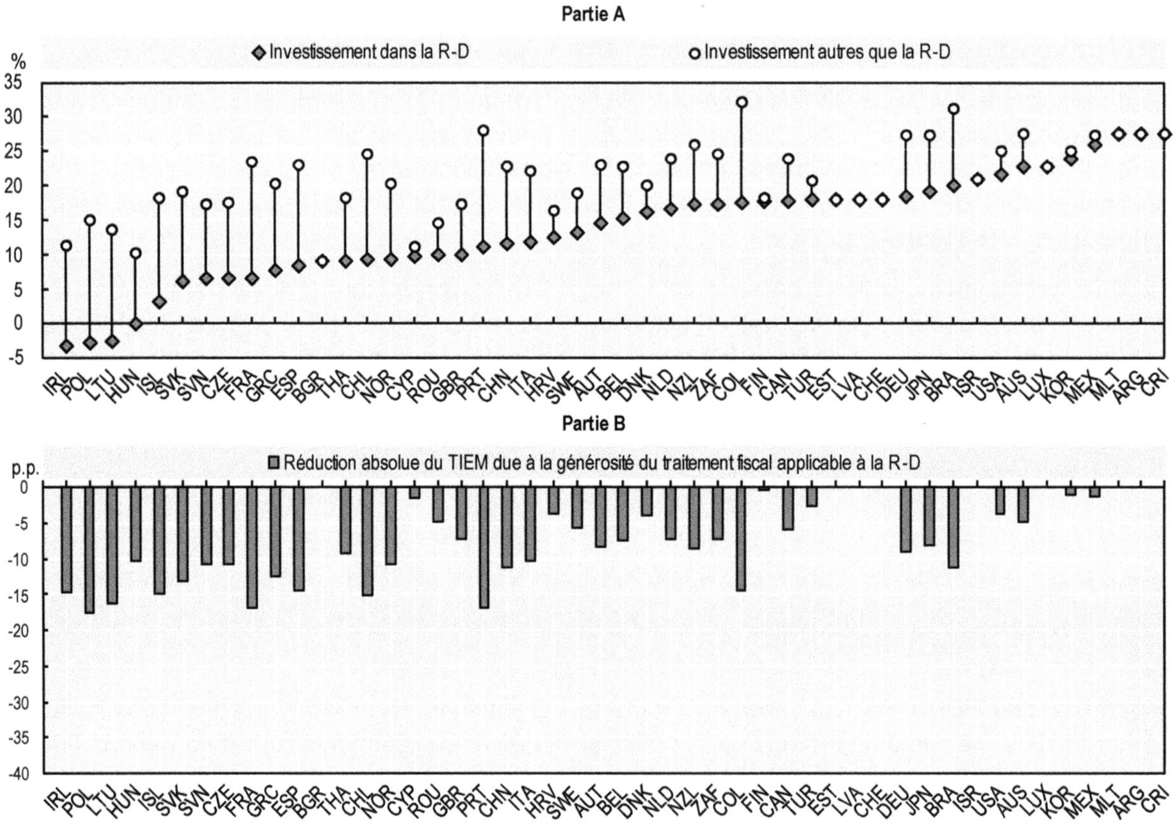

Note : Les résultats se rapportent à un scénario macroéconomique reposant sur l'hypothèse d'un taux d'intérêt réel de 3 % et d'un taux d'inflation de 1 %. Ils concernent un investissement financé par les bénéfices mis en réserve et tiennent compte de l'effet des déductions pour fonds propres le cas échéant. Dans le cas des investissements autres que la R-D, les TIEM sont proches du taux légal d'imposition en raison de l'importance des dépenses courantes dans l'investissement en R-D (voir Encadré 4.1), sauf lorsqu'une déduction pour fonds propres est autorisée.

StatLink https://stat.link/dguqfw

Graphique 4.3. Évolution de la distribution du TEIM moyen de la R-D, 2019-2022

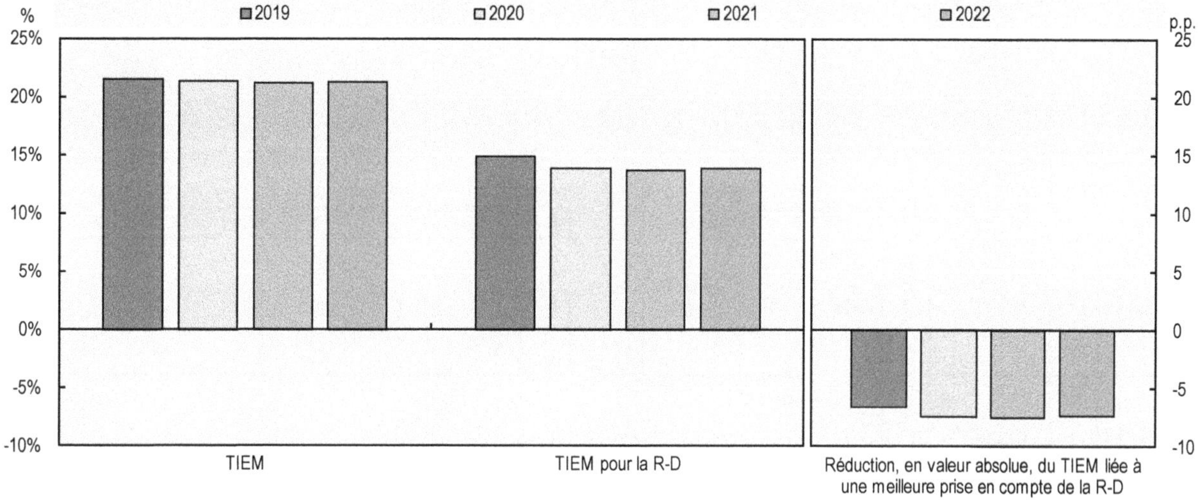

StatLink https://stat.link/8nog47

Le TEIM de la R-D a légèrement fléchi au fil du temps, et si le traitement fiscal préférentiel a gagné du terrain comparativement à 2019, les dernières années font apparaître des signes de stabilisation. Le graphique 4.3 illustre les variations moyennes du TEIM au fil du temps. Conformément aux tendances mises en évidence par le taux effectif d'imposition (TEI) de référence (section 3), le TEIM a eu tendance, hors incitations fiscales à la R-D, à fléchir légèrement sur la période considérée. Une tendance similaire, mais plus marquée, peut être observée en ce qui concerne le TEIM après prise en compte des incitations fiscales à la R-D. Le TEIM de la R-D a diminué, passant de 14. 9% en moyenne en 2019 à 13.9 % en 2020, puis 13.9% en 2022. Les variations dans le temps du TEIM de la R-D s'expliquent par la mise en place, pour la première fois (en Allemagne et au Danemark en 2020, en Finlande en 2021 et à Chypre en 2022) d'incitations fiscales à la R-D, ou par des variations dans la générosité de ces incitations (en République slovaque en 2020 et 2022, en Italie en 2021 et en Pologne en 2022). En 2022, les incitations fiscales à la R-D ont fait reculer le TEIM moyen de 34.7 % puisqu'il a été ramené de 21.5 % à 13.9 %. Le traitement fiscal préférentiel a gagné du terrain entre 2019 et 2020 et est resté relativement stable entre 2020 et 2022. La progression observée en 2020 est liée aux mesures de relance prises en réponse à la crise du COVID-19, dont certaines ont été maintenues par la suite.

Incitations à la marge intensive

Une fois établies dans un lieu donné, les entreprises décident du niveau de l'investissement en tenant compte des dispositions fiscales qui ont une incidence sur la marge intensive. Le coût du capital pour les investissements dans la R-D constitue un indicateur pertinent des incitations fiscales à la marge intensive. Le Portugal, la Pologne et la France sont celles des juridictions considérées qui utilisent le plus le système fiscal pour favoriser l'augmentation du volume de R-D. Parmi les juridictions qui offrent un soutien fiscal à la R-D, c'est en Argentine, au Costa Rica et au Luxembourg que les estimations du coût du capital destiné à la R-D sont les plus élevées. Ces estimations tiennent compte de la variabilité des dispositions fiscales générales et de celles spécifiques aux investissements dans la R-D. Les incitations fiscales à la R-D réduisent le coût du capital, de manière plus ou moins forte selon leur générosité. La différence absolue entre le coût du capital pour un investissement dans la R-D et pour un investissement comparable hors R-D donne une indication, pour un pays donné, de l'ampleur de l'allégement d'impôt applicable aux investissements marginaux dans la R-D, déduction faite du traitement fiscal général dont bénéficient tous les investissements. Cette méthode permet d'isoler le traitement fiscal préférentiel accordé à la R-D. C'est au Portugal, en France et en Colombie, qui font partie des pays où les estimations du coût du capital sont les plus basses, que les réductions du coût du capital pour les investissements dans la R-D sont les plus importantes.

Graphique 4.4. Coût du capital destiné à la R-D, 2022

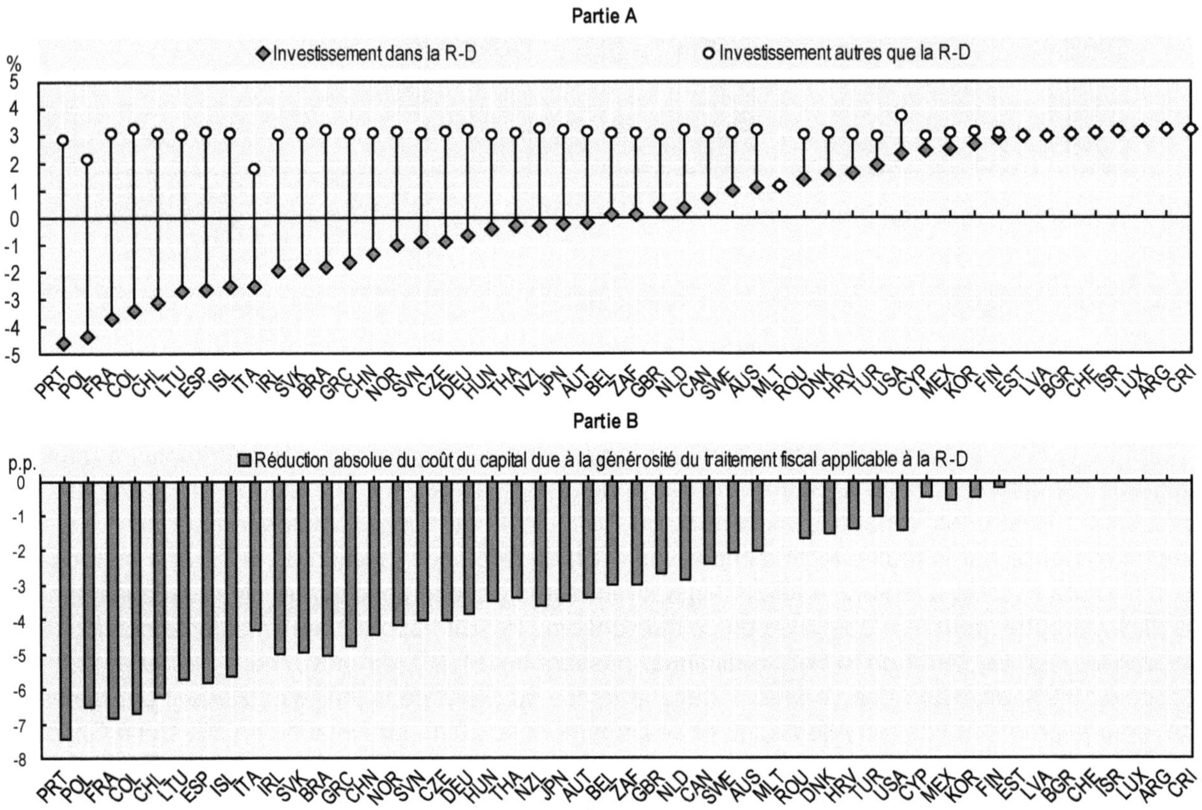

Note : Les résultats se rapportent à un scénario macroéconomique reposant sur l'hypothèse d'un taux d'intérêt réel de 3 % et d'un taux d'inflation de 1 %. Ils concernent un investissement financé par les bénéfices mis en réserve et tiennent compte de l'effet des déductions pour fonds propres le cas échéant. Dans le cas des investissements autres que la R-D, le coût du capital se situe à un niveau proche du taux d'intérêt réel, en raison de l'importance des dépenses courantes dans l'investissement en R-D (voir Encadré 4.1), sauf lorsque les déductions pour fonds propres sont autorisées.

StatLink https://stat.link/ec5ij7

Les incitations fiscales font baisser sensiblement le coût du capital destiné à la R-D, et si le traitement fiscal préférentiel a gagné du terrain depuis 2019, ces dernières années, il suit une tendance plus stable. Le graphique 4.5 permet de comparer l'évolution du coût du capital destiné à la R-D depuis la période 2019-2022. Tout comme le TEIM, le coût du capital subit les effets des évolutions survenues dans l'offre et la conception des incitations fiscales à la R-D. Le coût du capital destiné à la R-D a subi un repli notable, puisqu'il a été ramené de 0. 4 % en moyenne en 2019 à 0.1 % en 2020, suivi d'une modeste hausse en 2022, année pendant laquelle il a atteint 0.14 %. Depuis 2020, les subventions fiscales implicites sont restées relativement stables avant de baisser légèrement en 2022. Les incitations fiscales ont abaissé le coût du capital destiné à la R-D de 97 % en 2021 et 95 % en 2022.

Hétérogénéité des taux implicites de subvention fiscale

Les avantages fiscaux à la R-D peuvent varier en fonction des caractéristiques de l'entreprise – taille et rentabilité, par exemple. Les taux implicites de subvention fiscale à la R-D calculés à partir de l'indice B (1 moins l'indice B) constituent un indicateur synthétique qui mesure la générosité attendue du système fiscal pour une unité supplémentaire d'investissement dans la R-D (Graphique 4.6.). Plus l'incitation fiscale en faveur de la R-D est généreuse, plus la subvention fiscale implicite est élevée. Cet indicateur fait apparaître les écarts entre les avantages fiscaux accordés aux grandes entreprises et aux PME et aux entreprises profitables et excédentaires. Dans des pays comme l'Australie ou le Canada, qui accordent aux PME des mesures d'allégement fiscal plus avantageuses que celles dont bénéficient les grandes entreprises, l'indicateur fait ressortir les écarts entre les subventions implicites accordées à chaque type d'entreprise.

Graphique 4.5. Évolution de la distribution du coût moyen du capital destiné à la R-D, 2019-2022

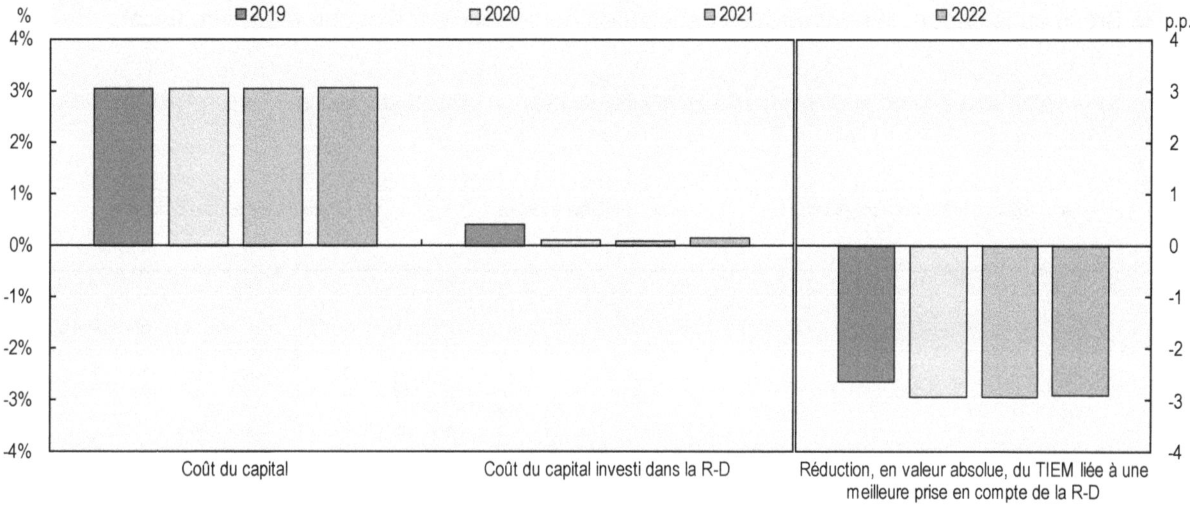

StatLink https://stat.link/7e8yrw

Graphique 4.6. Taux marginaux implicites de subvention fiscale des dépenses de R-D, 2022

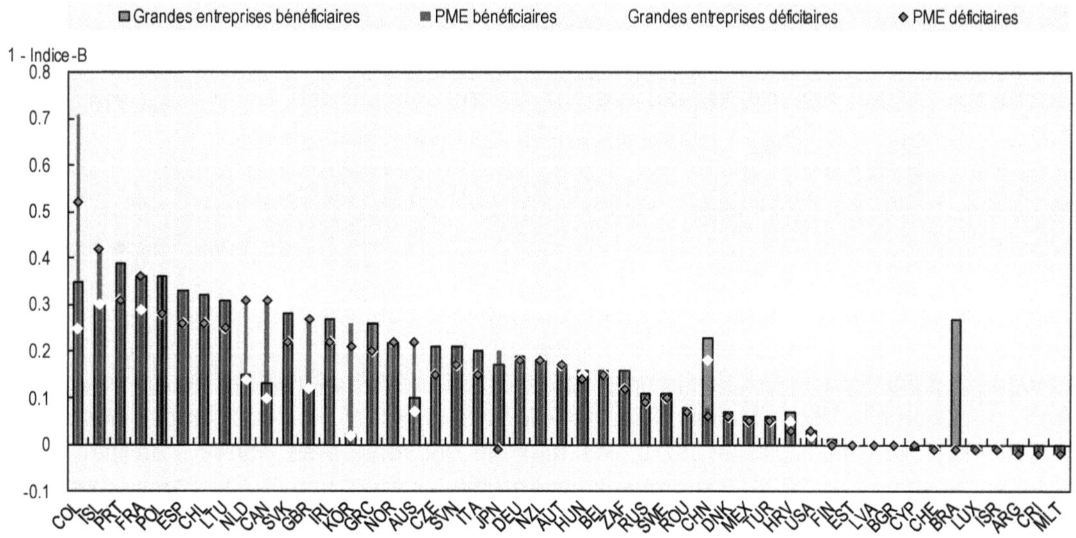

Note : Données et notes : https://oe.cd/ds/rdtax. La modélisation se fonde sur un taux d'intérêt nominal de 10 %.
Source : OCDE (2023), *R&D Tax Incentive Database*, http://oe.cd/rdtax, avril 2023, (consultée en septembre 2023).

StatLink https://stat.link/zngdpy

Les possibilités de report et de remboursement sont des mesures fréquemment utilisées pour promouvoir la R-D dans les entreprises qui, en leur absence, ne pourraient pas utiliser les aides prévues par le régime fiscal. C'est notamment le cas lorsque l'impôt exigible est insuffisant par rapport aux déductions applicables ou si l'entreprise ne réalise pas de bénéfices. Les taux marginaux implicites de subvention sont calculés selon deux scénarios : pour les entreprises profitables (qui sont en mesure de pleinement bénéficier des aides fiscales auxquelles elles peuvent prétendre) et pour les entreprises déficitaires (qui risquent de ne pas pouvoir utiliser pleinement les aides fiscales), afin de refléter l'incidence variable de ces mesures. Les dispositifs de remboursement comme ceux existant en Autriche et en Norvège impliquent une même subvention, que l'entreprise soit bénéficiaire ou déficitaire. Par rapport aux remboursements, le régime du report, comme celui en vigueur en Espagne ou au Portugal, implique une moindre subvention pour les entreprises déficitaires que pour les entreprises rentables, puisque les avantages ne pourront être utilisés qu'à l'avenir. Dans les pays où de telles dispositions n'existent pas, comme le Brésil ou le Japon, les entreprises déficitaires ne bénéficient d'aucun avantage fiscal.

Graphique 4.7. Évolution des taux marginaux implicites de subvention fiscale des dépenses de R-D, 2000-2022

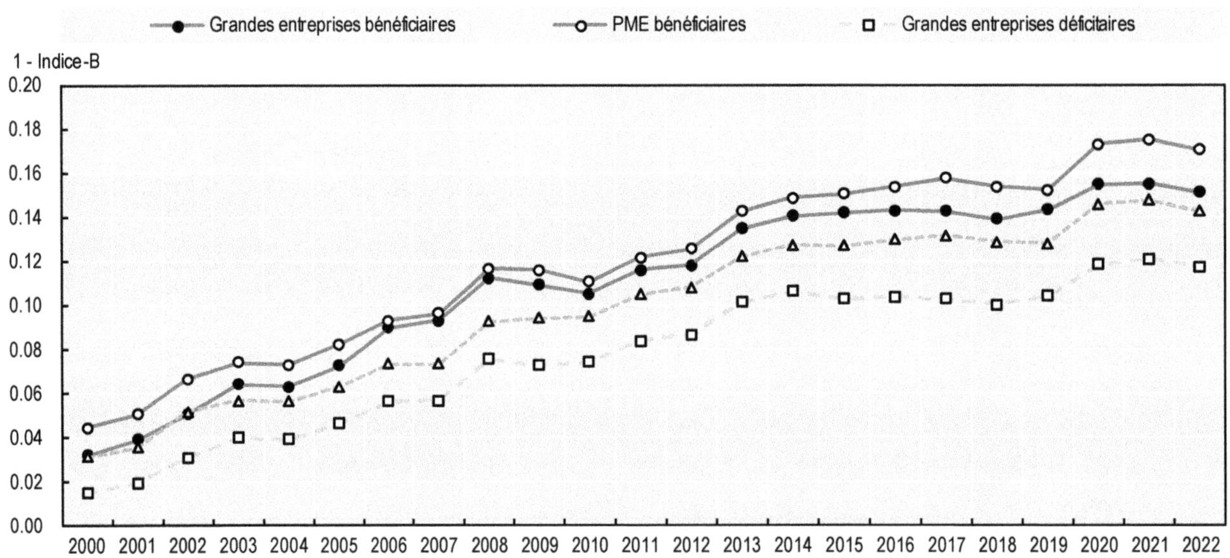

Note : Données et notes : https://oe.cd/ds/rdtax. La modélisation se fonde sur un taux d'intérêt nominal de 10 %.
Source : OCDE (2023), *R&D Tax Incentive Database*, http://oe.cd/rdtax, avril 2023 (consultée en septembre 2023).

StatLink https://stat.link/vhadzi

Les incitations fiscales à la R-D sont en moyenne plus élevées pour les PME et les entreprises profitables. Le Graphique 4.7. offre un aperçu de l'évolution des taux marginaux implicites de subvention fiscale pour quatre catégories d'entreprises pendant la période 2000-2022 : PME et grandes entreprises profitables ou déficitaires. La générosité des incitations fiscales à la R-D augmente avec le temps pour tous les types d'entreprises. Bien qu'entre 2013 et 2019, les taux de subvention se soient stabilisés, une hausse progressive est observée en 2020, les subventions implicites s'étant stabilisées depuis lors à hauteur du niveau atteint alors. Cette évolution est cohérente avec les tendances observées en ce qui concerne le coût du capital et les TIEM. Dans les deux scénarios de rentabilité envisagés, les PME se voient offrir des taux de subvention systématiquement plus élevés que les grandes entreprises, et les entreprises profitables des taux plus élevés que les entreprises déficitaires, qu'elles soient grandes ou petites. Cela laisse penser que les pays ont tendance à accorder des avantages fiscaux plus importants aux PME qu'aux grandes entreprises.

L'évolution des données dépeinte dans le Graphique 4.7. reflète également une certaine hétérogénéité dans l'ampleur des variations en glissement annuel. Les plus fortes variations à la hausse des taux marginaux implicites de subvention fiscale se sont produites entre 2007 et 2008 (une hausse d'environ 2.0 points toutes catégories confondues), au moment de la crise financière, et entre 2019 et 2020 (environ 1.6 point), au moment de la pandémie de COVID-19.

Bibliographie

Dernis, H. et al. (2019), « World Corporate Top R&D investors: Shaping the Future of Technologies and of AI. A joint JRC and OECD report », *Office des publications de l'Union européenne*, https://doi.org/10.2760/472704. [2]

González Cabral, A., S. Appelt et T. Hanappi (2021), « Corporate effective tax rates for R&D : The case of expenditure-based R&D tax incentives », *OECD Taxation Working Papers*, n° 54, OECD Publishing, Paris, https://doi.org/10.1787/ff9a104f-en. [3]

OCDE (2023), *R&D Tax Incentive Database*, http://oe.cd/rdtax (consulté le 1 septembre 2023). [1]

Note

[1] La méthodologie utilisée par l'OCDE pour les calculer est décrite en détail dans un document de travail de l'OCDE sur la fiscalité dans González Cabral, Appelt et Hanappi (González Cabral, Appelt et Hanappi, 2021[3]) et celle employée pour calculer l'indice B est présentée dans OCDE (OCDE, 2023[1]). Ces indicateurs figurent également dans la base de données de l'OCDE sur les incitations fiscales en faveur des activités de recherche et de développement (*OECD R&D Tax Incentive database*), produite par la Direction de la science, de la technologie et de l'innovation de l'OCDE.

5 Statistiques issues des déclarations pays par pays

Informations clés

- L'édition 2023 des Statistiques de l'impôt sur les sociétés contient deux années supplémentaires de statistiques anonymisées et agrégées établies à partir des informations figurant dans les déclarations pays par pays couvrant les exercices 2019 et 2020.
- 52 pays, sur un total de 93 pays invités à le faire, ont notifié à l'OCDE des statistiques issues des déclarations pays par pays détaillant les activités financières et commerciales de près de 7 000 entreprises multinationales (EMN).
- Les informations relatives aux exercices 2019 et 2020 font apparaître qu'il existe toujours un décalage entre le lieu où les bénéfices sont déclarés et le lieu où les activités économiques sont exercées. Les recettes et les bénéfices par salarié sont généralement plus élevés dans les centres d'investissement. Les données révèlent par exemple que la valeur médiane des recettes par salarié dans les centres d'investissement s'établit à 1 630 000 USD, contre seulement 290 000 USD pour l'ensemble des autres juridictions.
- Les données comportent une ventilation par juridiction des bénéfices faiblement imposés des EMN (à savoir les bénéfices soumis à un taux effectif d'imposition inférieur à 15 %) ayant leur siège dans certaines juridictions. Elles mettent en évidence l'existence de bénéfices faiblement imposés dans les juridictions à faible fiscalité comme dans celles à niveau élevé d'imposition puisque plus de la moitié des bénéfices faiblement imposés proviennent de juridictions appliquant des taux effectifs d'imposition (TEI) moyens supérieurs à 15 %.
- Pendant les exercices 2019 et 2020, une forte baisse des bénéfices totaux des EMN visées, qui peut être considérée comme un symptôme direct de la pandémie de COVID-19, a été observée.
- La composition de l'activité varie selon les groupes de juridictions. L'activité prédominante dans les centres d'investissement est la « détention d'actions » qui englobe également la détention d'autres instruments de fonds propres.

La déclaration pays par pays a été introduite dans le cadre de l'Action 13 du Projet BEPS de l'OCDE et du G20 afin d'aider les juridictions à combattre l'érosion de la base d'imposition et le transfert de bénéfices (BEPS). Au titre de l'Action 13 du Projet BEPS, toutes les grandes EMN sont tenues d'établir une déclaration pays par pays contenant des données agrégées relatives à la répartition des bénéfices réalisés, des impôts acquittés et des activités économiques exercées à l'échelle mondiale entre les juridictions dans lesquelles elles exercent leurs activités. Cette déclaration pays par pays est transmise aux administrations fiscales de ces juridictions à des fins d'évaluation générale des risques liés aux prix de transfert et aux pratiques de BEPS.

Si les déclarations pays par pays ont pour objectif principal d'aider les administrations fiscales à repérer et évaluer les risques généraux liés aux prix de transfert et les autres risques liés aux pratiques de BEPS, les données ainsi obtenues peuvent également jouer un rôle dans l'analyse des pratiques de BEPS et des activités des entreprises multinationales en général sous l'angle économique et statistique. En vertu de l'Action 11 du Projet BEPS (OCDE, 2017[1]), qui reconnaît la nécessité de disposer de sources supplémentaires de données sur les EMN, les juridictions sont convenues de publier régulièrement des statistiques anonymisées et agrégées issues des déclarations pays par pays afin de faciliter l'analyse économique et statistique de ces entreprises multinationales et des pratiques de BEPS. Cette section décrit les progrès réalisés sur le plan de la mise en œuvre de l'Action 13 ainsi que de la publication par l'OCDE des statistiques tirées des déclarations pays par pays conformément à l'Action 11.

Mise en œuvre de l'Action 13

L'Action 13 du Projet BEPS s'inscrit dans le cadre du volet relatif à la transparence fiscale du projet BEPS de l'OCDE et du G20 et a pour but d'aider les juridictions à combattre les pratiques de BEPS. Dans de nombreux cas, les juridictions disposent déjà de règles qui leur permettent de faire face aux risques de BEPS posés par les groupes d'entreprises multinationales (EMN), mais peuvent ne pas avoir eu accès aux informations nécessaires pour déterminer les circonstances dans lesquelles de tels risques se concrétisent. L'Action 13 du BEPS les aide en fournissant aux administrations fiscales de nouvelles informations aux fins de l'évaluation des risques généraux liés aux prix de transfert ainsi que d'autres risques connexes.

Pour l'exercice 2020, 93 juridictions imposaient le dépôt des déclarations pays par pays au titre de 2020. À ce jour, plus de 100 juridictions sont dotées de lois prescrivant une obligation déclarative en lien avec les déclarations pays par pays (Graphique 5.1.).

Il ressort, d'après les retours des administrations fiscales, que celles-ci utilisent les déclarations pays par pays pour combattre le phénomène de BEPS, en conjonction avec d'autres outils visant à les aider à : (i) déterminer les groupes d'EMN devant éventuellement faire l'objet de vérifications fiscales ; (ii) déterminer les groupes d'EMN pour lesquels une telle vérification n'est pas nécessaire ; et (iii) planifier ces vérifications fiscales ainsi que d'autres enquêtes. Les méthodes employées varient selon l'approche générale de chaque administration fiscale en matière d'évaluation des risques. Deux points importants sont à signaler concernant le rôle des déclarations pays par pays :

- **Les déclarations pays par pays peuvent uniquement être utilisées dans le cadre d'une évaluation générale des risques posés par les EMN.** Elles ne peuvent pas être utilisées pour prouver l'existence de pratiques de BEPS ou pour remplacer des enquêtes de fond, et doivent venir en complément des autres informations à la disposition des administrations fiscales. Il est peu probable que la réussite d'une enquête en particulier puisse être attribuée spécifiquement aux déclarations pays par pays.
- **Un laps de temps important peut s'écouler entre le dépôt d'une déclaration pays par pays et la conclusion d'une vérification des prix de transfert.** Les déclarations pays par pays peuvent être utilisées aux fins d'une évaluation générale des risques et de la planification d'une vérification fiscale, mais on ne pourra déterminer si un groupe d'EMN a recours à des pratiques de BEPS qu'une fois les enquêtes complémentaires finalisées, ce qui peut prendre plusieurs années.

Quoique les déclarations pays par pays constituent un outil important, les administrations fiscales les utilisent en complément d'un éventail d'instruments supplémentaires pour combattre les pratiques de BEPS. L'OCDE a élaboré plusieurs outils pour accompagner les administrations fiscales dans l'utilisation des déclarations pays par pays, et, en particulier, dans le déploiement d'efforts multilatéraux visant à évaluer les risques posés par les groupes d'EMN. Parmi ces outils figurent l'organisation régulière d'ateliers consacrés à l'utilisation des déclarations pays par pays à des fins d'évaluation des risques ; l'Outil d'évaluation et d'assurance des risques fiscaux (TREAT) destiné aux administrations fiscales ; un questionnaire d'évaluation des risques fiscaux (TRAQ), qui est utilisé dans le cadre du programme international pour le respect des obligations fiscales (International Compliance Assurance Program ou ICAP) et qu'une administration fiscale peut adresser à un groupe d'EMN en l'invitant à lui fournir des explications concernant des indicateurs susceptibles de révéler l'existence de risques fiscaux ; et le Manuel pratique d'évaluation des risques fiscaux, publié en 2017.

La nombre de juridictions fournissant des statistiques établies à partir des déclarations pays par pays a augmenté chaque année depuis la mise en place de ces déclarations en 2016. Le Graphique 5.2. montre que le nombre total de juridictions qui pourraient éventuellement communiquer à l'OCDE des statistiques issues des déclarations pays par pays est passé de 58 en 2016 à 93 en 2020. Ce total correspond à la somme du nombre de juridictions ayant mis en place le dépôt obligatoire des déclarations pays par pays et du nombre de juridictions ayant accepté le dépôt volontaire au titre de l'exercice considéré. En 2016 par exemple, 49 juridictions avaient mis en place le dépôt obligatoire des déclarations pays par pays et neuf autres avaient accepté le dépôt volontaire des déclarations. Le nombre de juridictions ayant fourni des statistiques établies à partir des déclarations pays par pays est passé de 26 à 52 sur la même période. Malgré la forte augmentation du nombre de juridictions qui pourraient potentiellement notifier des statistiques établies à partir des déclarations pays par pays, le nombre de celles qui n'en ont pas communiquées à l'OCDE n'est passé que de 32 à 41. Un grand nombre de juridictions ont reçu trop peu de déclarations pays par pays pour être en mesure de fournir des données conformes à leurs propres règles de confidentialité.

Graphique 5.1. Nombre de juridictions ayant mis en place le dépôt obligatoire des déclarations pays par pays

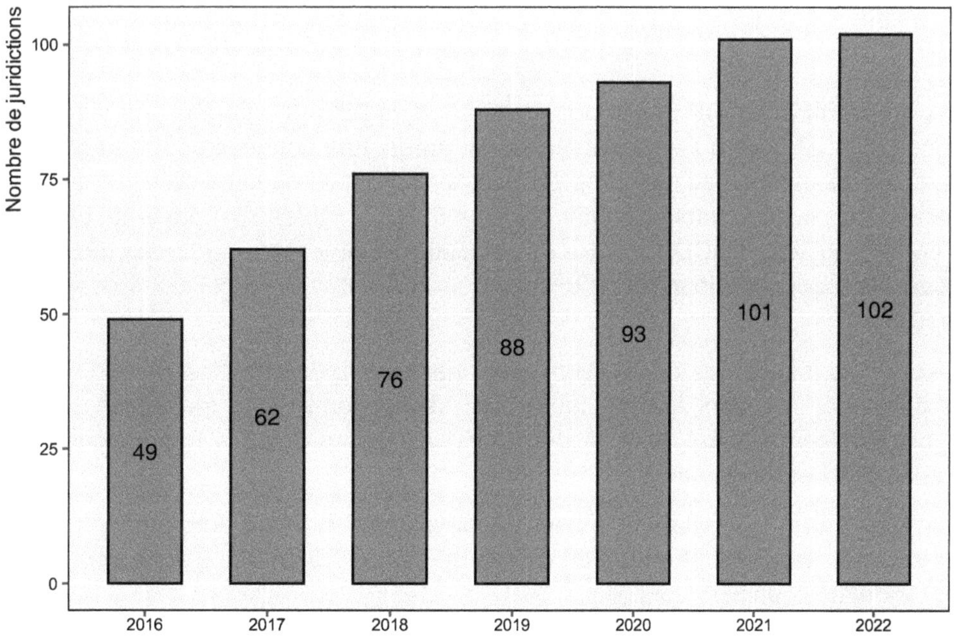

Source : Portail dédié à l'échange automatique de renseignements dans le cadre de l'Action 13 (https://oe.cd/3Kj).

StatLink https://stat.link/tbg927

Graphique 5.2. Évolution du périmètre de la déclaration pays par pays

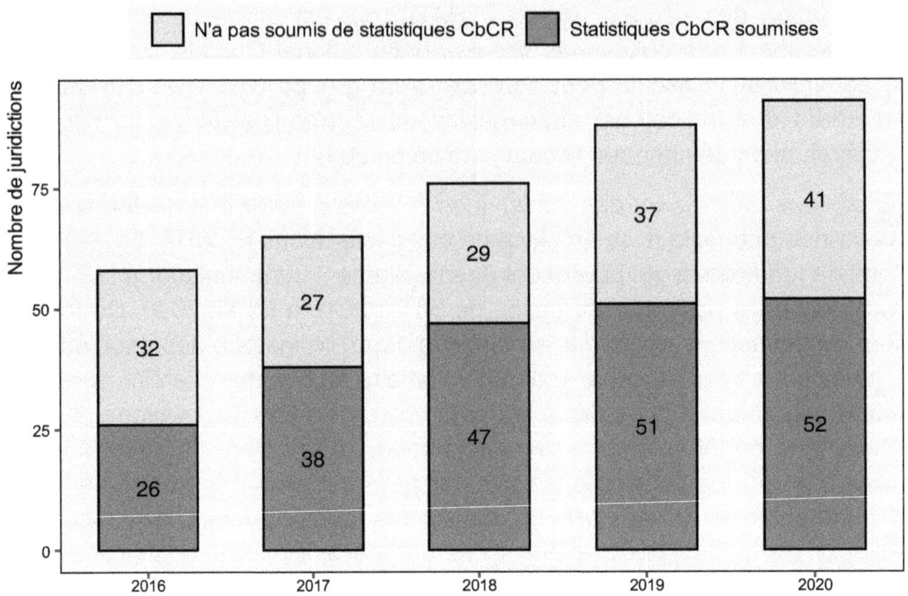

Source : Statistiques anonymisées et agrégées issues des déclarations pays par pays et obligations relatives aux déclarations pays par pays établies par l'OCDE.

StatLink https://stat.link/rd50ql

Informations générales sur les données issues des déclarations pays par pays

Les juridictions ont fourni à l'OCDE des informations anonymisées et agrégées sur les données relatives aux déclarations pays par pays qui sont présentées ci-après. Les données sont agrégées au niveau des sous-groupes, selon les caractéristiques propres à certains groupes ou sous-groupes, et saisies selon ces différents critères dans plusieurs tableaux (voir Encadré 5.1). Le Tableau 5.1 présente une vue d'ensemble des tableaux communiqués à l'OCDE au titre des statistiques établies à partir des déclarations pays par pays, une brève description de leur contenu ainsi que le nombre de juridictions ayant soumis chaque tableau en 2018.

Les données agrégées issues des déclarations pays par pays présentent un certain nombre de limites, qu'il convient de garder à l'esprit lors de toute analyse économique et statistique (voir Encadré 5.2). Néanmoins, comparativement aux sources de données existantes, elles fournissent des informations précieuses sur les EMN et leurs activités.

- Les données tirées des déclarations pays par pays fournissent des informations au niveau mondial sur les activités des EMN et offrent un niveau de détail plus fin que d'autres sources de données, comme les états financiers consolidés.[1]
- Les données issues des déclarations pays par pays portent sur les variables suivantes : nombre de déclarations pays par pays, nombre de sous-groupes, nombre d'entités, chiffre d'affaires total avec des parties liées et non liées (et la somme des deux, soit le chiffre d'affaires total), résultat (bénéfices ou pertes) avant impôts sur les bénéfices, impôts sur les bénéfices acquittés (sur la base des règlements effectifs), impôts sur les bénéfices dus au titre de l'exercice en cours, capital social, bénéfices non distribués, nombre de salariés, actifs corporels hors trésorerie et équivalents de trésorerie, principale(s) activité(s) de chacune des entités constitutives.

- Ces données garantissent la prise en compte de toutes les activités mondiales des EMN couvertes.
- Elles permettent au moins de bien distinguer les activités intérieures et étrangères des EMN.[2] En fonction de la juridiction déclarante, la déclaration permet une analyse des activités des EMN dans les centres d'investissement et les pays en développement grâce à une ventilation géographique détaillée.
- Les informations sont présentées par juridiction de résidence fiscale et non par juridiction de constitution.
- Les données contenues dans la déclaration pays par pays donnent des informations comparables sur les activités exercées par les EMN (fabrication, détention de propriété intellectuelle (PI), vente) dans les différentes juridictions, ce qui permet pour la première fois aux chercheurs d'établir un lien entre les résultats financiers et ces fonctions.

Elles fournissent donc aux autorités et aux chercheurs un grand nombre d'informations nouvelles qui permettent d'analyser le comportement des entreprises multinationales, notamment en matière de fiscalité, contribuant ainsi à offrir une image plus complète des activités mondiales des très grandes entreprises multinationales que celle obtenue à partir des sources existantes.

L'élaboration des statistiques anonymisées et agrégées issues des déclarations pays par pays se déroule en deux grandes étapes. Premièrement, toutes les grandes EMN (dont le chiffre d'affaires consolidé est supérieur ou égal à 750 MEUR) déposent leurs déclarations pays par pays, en principe auprès de l'administration fiscale de la juridiction où se situe leur entité mère ultime. Un groupe d'EMN est généralement tenu de déposer sa déclaration pays par pays un an après la clôture de son exercice. Deuxièmement, dans chaque juridiction, les administrations fiscales ou d'autres autorités publiques compilent les différentes déclarations pays par pays déposées en un jeu de données unique dans le respect des règles de confidentialité auxquelles elles sont soumises. Il en résulte un jeu unique de données anonymisées et agrégées couvrant l'ensemble des EMN de la juridiction soumises à l'obligation déclarative, qui est transmis à l'OCDE.

Encadré 5.1. Structure d'un groupe d'EMN

Un **groupe d'EMN** est un ensemble d'entreprises liées entre elles par des relations de propriété ou de contrôle en raison desquelles il est tenu d'établir des états financiers consolidés conformes aux principes comptables applicables à des fins d'information financière ou serait tenu de le faire si des participations dans l'une ou l'autre de ces entreprises étaient cotées en bourse.

Une **entité** est une unité opérationnelle distincte d'un groupe d'EMN qui est intégrée dans les états financiers consolidés de ce groupe à des fins d'information financière.

Une **entité mère ultime** (EMU) détient directement ou indirectement une participation suffisante dans une ou plusieurs autres entités constitutives de ce groupe d'EMN de sorte qu'elle est tenue d'établir des états financiers consolidés.

Un **sous-groupe** est formé par l'ensemble des entités d'un groupe d'EMN qui exercent leurs activités dans une même juridiction fiscale.

Tableau 5.1. Contenu des statistiques anonymisées et agrégées issues des déclarations pays par pays

Tableau de la déclaration pays par pays	Contenu	Description
Tableau 1A	Totaux agrégés des différentes variables par juridiction	Totaux des différentes variables pour l'ensemble des sous-groupes, tels qu'agrégés par juridiction de résidence fiscale (ou groupes de juridictions selon les règles de confidentialité). Ce tableau contient trois parties, correspondant à l'agrégation des variables pour l'ensemble des sous-groupes, pour les sous-groupes dégageant des bénéfices et pour les sous-groupes réalisant des pertes.
Tableau 1B	Moyennes interquartiles de toutes les variables, par juridiction	Même structure que le tableau 1A à ceci près que les moyennes interquartiles sont calculées à partir du nombre total de sous-groupes indiqué dans les déclarations pays par pays.
Tableau 4.	Totaux agrégés des différentes variables selon les taux d'imposition effectifs appliqués aux groupes d'EMN	Les données sont présentées par taux effectif d'imposition applicable au groupe d'EMN et par juridiction fiscale. Le niveau de ventilation varie selon les juridictions, en fonction des règles de confidentialité en vigueur.
Tableau 5.	Totaux agrégés des différentes variables, selon le taux d'imposition effectif appliqué aux sous-groupes d'EMN	Les données sont présentées par taux effectif d'imposition applicable au sous-groupe d'EMN. Le niveau de ventilation varie selon les juridictions, en fonction des règles de confidentialité en vigueur.
Tableau 6.	Points de la distribution de la taille des groupes d'EMN	Présente les points de la distribution de la taille de groupes d'EMN, telle que mesurée par le chiffre d'affaires réalisé avec des parties non liées, l'effectif et les actifs corporels. La taille totale d'un groupe d'EMN est déterminée par la somme des variables correspondantes pour l'ensemble de ses sous-groupes.

Note : Le recueil de données pour les tableaux 2 et 3, qui agrègent les statistiques par secteur et par taille des EMN, a été reporté. Le Cadre inclusif déterminera s'il convient d'étendre le jeu de données pour y inclure ces tableaux dans les années à venir. Le taux d'imposition effectif (TEI) du groupe et sous-groupe figurant dans les tableaux 4 et 5 ne peut pas être comparé directement aux taux effectifs cités dans le chapitre sur les taux effectifs d'imposition des sociétés.

Couverture des statistiques relatives aux déclarations pays par pays

Bien que le Cadre inclusif compte 141 membres, seuls 93 d'entre eux ont imposé une obligation déclarative pour l'exercice 2020 (voir ci-avant). L'édition 2023 des *Statistiques de l'impôt sur les sociétés* contient des statistiques établies à partir des déclarations pays par pays déposées dans 52 juridictions et portant sur près de 7 600 groupes d'EMN (voir Tableau 5.2.). Ce jeu de données contient un large éventail d'informations sur les activités financières et économiques mondiales des entreprises multinationales.

Les données anonymisées et agrégées issues des déclarations pays par pays donnent une idée générale du lieu où les groupes d'EMN ont leur siège. Le tableau 1 montre que, parmi les pays qui ont communiqué leurs données, les États-Unis et le Japon accueillent près de 40 % des sièges des EMN de l'échantillon. Le nombre d'EMN ayant fait l'objet d'une déclaration varie considérablement d'une juridiction à l'autre, allant de deux, à Macao et en Chine, à 1 759, aux États-Unis. Le nombre médian par juridiction s'établit à 64.

Le nombre d'EMN couvertes par les statistiques établies à partir des déclarations pays par pays a augmenté avec le temps, passant de 3 722 en 2016 à 7 583 en 2020. La partie A du Graphique 5.3. illustre la ventilation des sièges d'EMN entre les groupements régionaux. On observe, pour l'échantillon, une répartition assez équitable des sièges entre les groupes Amérique, Asie et l'Océanie et Europe.

Cependant, la partie B du Graphique 5.3. fait ressortir que, de façon générale, les EMN installées en Asie et en Océanie comptent davantage d'entités que celles situées dans les autres groupements régionaux.

Encadré 5.2. Limites inhérentes aux données issues des déclarations pays par pays et mesures visant à améliorer la qualité des données

Les données agrégées issues des déclarations pays par pays présentent un certain nombre de limites, qu'il convient de garder à l'esprit lors de toute analyse économique et statistique. On peut notamment citer les limites suivantes :

- Bon nombre des données sont trop agrégées pour permettre un examen détaillé des mécanismes mis en œuvre dans les pratiques de BEPS (par exemple, on ne distingue pas les redevances et les intérêts dans les paiements entre parties liées et aucune information n'est fournie sur les actifs incorporels).
- Bien souvent, mais pas toujours, les déclarations pays par pays reposent sur des données de comptabilité financière[3]. Au vu des différences existantes entre les règles de comptabilité financière et autres règles comptables autorisées, et les règles de déclaration fiscale, les données issues des déclarations pays par pays pourraient ne pas refléter fidèlement la façon dont les différents éléments sont comptabilisés à des fins fiscales. Les différences entre les règles comptables pourraient nuire à la comparabilité de ces données entre juridictions.
- Les données présentent des limites, décrites dans l'avertissement qui les accompagnent https://www.oecd.org/fr/fiscalite/politiques-fiscales/statistiques-anonymisees-et-agregees-cbcr-avertissement.pdf. En l'absence de directives précises, il est possible que certaines EMN aient intégré des dividendes intragroupe dans leurs bénéfices, avec le risque de double comptabilisation des bénéfices qui en découle.
- Normale en comptabilité financière séparée, l'intégration des dividendes dans les bénéfices peut en revanche fausser les résultats dans le contexte de l'analyse de l'impôt sur les sociétés. À titre d'exemple, le traitement fiscal de dividendes rapatriés peut différer d'une juridiction à l'autre. La distribution de bénéfices après impôts sous la forme de dividendes est souvent faiblement imposée ou exonérée d'impôt[4]. Afin d'évaluer la part potentielle des dividendes intégrés dans les bénéfices, certaines juridictions réalisent leurs propres analyses indépendantes à ce sujet [5].
- Dans le cas des entités apatrides, la prise en compte d'entités transparentes telles que les sociétés de personnes peut entraîner une double comptabilisation du chiffre d'affaires et du bénéfice. À l'inverse, les données peuvent impliquer que les bénéfices apatrides ne sont pas imposés, car c'est généralement le propriétaire qui s'acquitte de l'impôt sur ces revenus.
- Les sociétés placées hors du champ d'application de l'impôt sur les sociétés (IS) comme les fonds de pension ou les hôpitaux universitaires, sont tenues de déposer une déclaration pays par pays et, à ce titre, sont prises en compte dans les statistiques agrégées, sauf spécification contraire. La prise en compte de ces sociétés pourrait fausser la relation entre bénéfices et impôts.

Certaines de ces limites ont déjà été éliminées grâce à la révision des instructions. À titre d'exemple, s'agissant de la double comptabilisation des dividendes, les instructions relatives à la mise en œuvre des déclarations pays par pays ont été actualisées en novembre 2019 et précisent désormais que les dividendes intragroupe ne doivent pas être intégrés dans les bénéfices. Néanmoins, en raison d'un décalage avec les juridictions au niveau de la révision des instructions et entre la révision et les déclarations, il faudra probablement plusieurs années pour que ces mesures se traduisent par une véritable amélioration de la qualité des données. D'autres questions, comme le traitement des entités apatrides, font actuellement l'objet de discussions, notamment dans le cadre du réexamen de la déclaration pays par pays (Action 13 du BEPS)[6], qui pourrait conduire à l'avenir à la collecte d'informations plus détaillées par l'intermédiaire des déclarations pays par pays. L'OCDE continue à travailler en collaboration avec les membres du Cadre inclusif et d'autres parties prenantes afin d'améliorer la qualité et la cohérence des données dans l'ensemble des pays. Au vu de ces différents axes d'amélioration, il est vraisemblable que la valeur et l'importance de ce jeu de données, en tant qu'outil permettant aux chercheurs et au public de mieux comprendre les activités des EMN au niveau mondial et les phénomènes de BEPS, continuent de s'accroître au fil du temps.

Outre les limites mentionnées ci-dessus, plusieurs raisons imposent de rester prudent avant de tirer des conclusions des données issues des déclarations pays par pays :

- Les variations et les tendances potentielles en matière de pratiques de BEPS sont impossibles à déceler à partir de données se rapportant à une seule année.
- À court terme, la comparabilité entre les échantillons de données de 2016 et ceux de 2017 et 2018 est limitée en raison du passage du système de dépôt volontaire au système de dépôt obligatoire, et des écarts dans l'exercice fiscal couvert[7]. À plus long terme, les modifications apportées aux instructions se traduiront par une évolution du traitement de certaines variables, comme les bénéfices, ce qui limitera également la comparaison entre ces variables dans le temps.
- Même lorsque l'on disposera d'années supplémentaires de données, divers événements extérieurs sont susceptibles d'influer sur ces données (COVID-19, « Tax Cuts and Jobs Act – TCJA », adoptée aux États-Unis en 2017, par exemple) et risquent de compliquer l'examen des effets des mesures visant à combattre le phénomène de BEPS.
- La mise en œuvre de ces mesures prend du temps et leurs effets ne se font parfois sentir qu'après plusieurs années.

Graphique 5.3. Distribution des EMN et entités par région

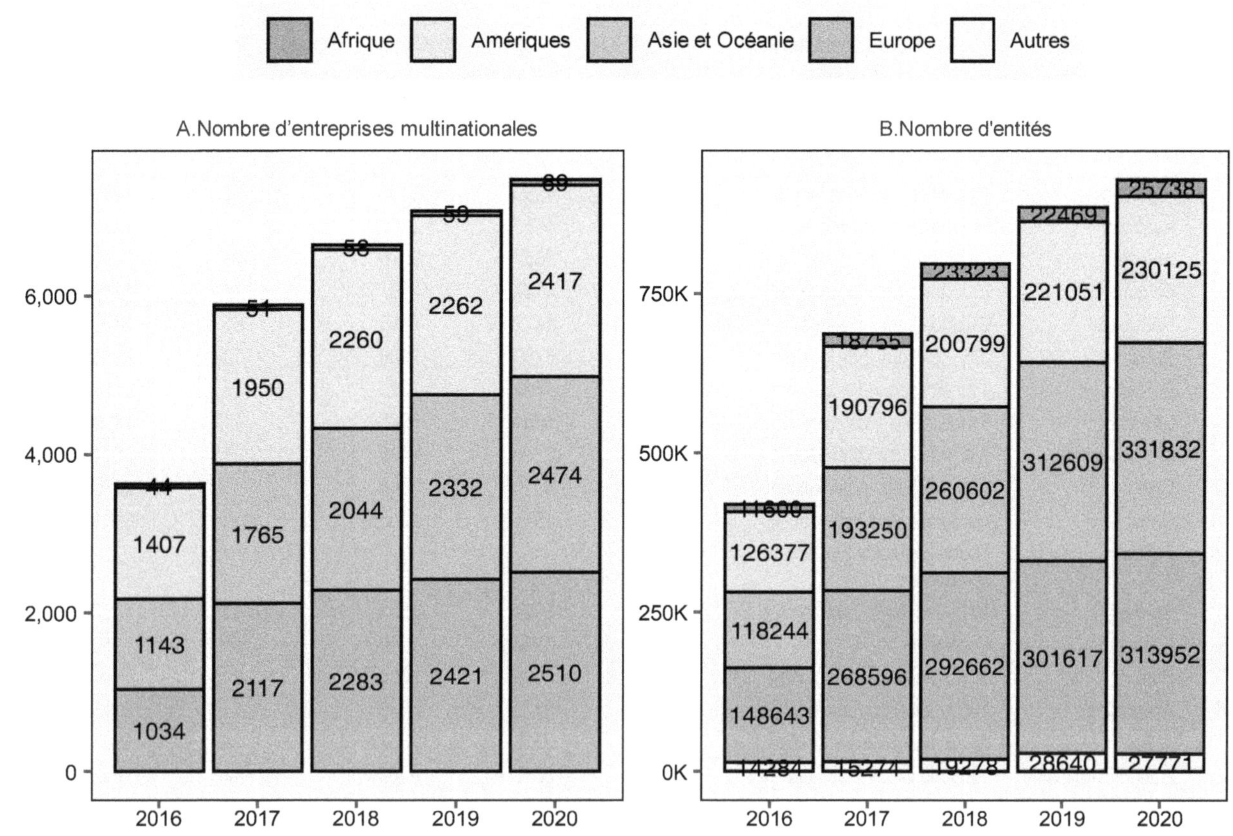

Source : Statistiques agrégées et anonymisées issues des déclarations pays par pays.

StatLink https://stat.link/uv2qkh

Tableau 5.2. Composition de l'échantillon et valeurs moyennes des principales variables financières

	Juridiction déclarante	Niveau de ventilation des données	Nombre de déclarations pays par pays	Chiffre d'affaires des parties non liées	Actifs corporels (hors trésorerie)	Impôt sur les bénéfices dû	Nombre de salariés
1	Argentine	16 juridictions individuelles	30	1539	3160	27	7361
2	Australie	92 juridictions individuelles	148	4055	3710	117	11240
3	Autriche	Continents	100	3851	2576	38	12477
4	Belgique	22 juridictions individuelles	69	4147	2997	77	12175
5	Bermudes	96 juridictions individuelles	71	4472	4888	63	12291
6	Brésil	33 juridictions individuelles	82	8789	7680	134	22641
7	Bulgarie	4 juridictions individuelles	3	1792	3829	19	9716
8	Canada	9 juridictions individuelles	230	5664	6085	112	14080
9	Îles Caïmanes	138 juridictions individuelles	135	7776	8466	211	25249
10	Chili	12 juridictions individuelles	31	3796	3844	56	20707
11	Chine	133 juridictions individuelles	691	13755	12535	285	39014
12	Tchéquie	Toutes juridictions étrangères confondues					
13	Danemark	101 juridictions individuelles	73	5044	3505	115	16877
14	Finlande	Continents	52	5296	1979	65	11323
15	France	88 juridictions individuelles	235	10269	5730	217	36748
16	Allemagne	162 juridictions individuelles	419	8316	5276	113	22961
17	Grèce	68 juridictions individuelles	17	3559	2882	39	10083
18	Hong Kong, Chine	138 juridictions individuelles	231	5013	8289	148	18425
19	Hongrie	Toutes juridictions étrangères confondues	8	4373	2174	44	13842
20	Inde	83 juridictions individuelles	144	5129	6608	109	32861
21	Indonésie	71 juridictions individuelles	27	4764	11587	89	22326
22	Irlande	Toutes juridictions étrangères confondues	63	6085	3021	109	29150
23	Île de Man	Continents	6	1509	954	7	4217
24	Italie	103 juridictions individuelles	143	5163	3087	75	12326
25	Japon	135 juridictions individuelles	904	7546	4229	135	19433
26	Corée	Continents	247	7393	5604	127	15039
27	Lettonie	10 juridictions individuelles	3	217	1315	9	2520
28	Lituanie	4 juridictions individuelles	4	1392	1324	12	6806
29	Luxembourg	98 juridictions individuelles	155	3924	2118	20	11324
30	Macao, Chine	Toutes juridictions étrangères confondues	2	1162	6620	9	14946
31	Malaisie	26 juridictions individuelles	62	4022	13904	88	18548
32	Maurice	Continents	8	4978	2971	26	5080
33	Mexique	91 juridictions individuelles	64	19798	13653	206	32479
34	Pays-Bas	5 juridictions individuelles	162	22852	7656	231	22199
35	Nouvelle-Zélande	Toutes juridictions étrangères confondues	23	2915	2384	29	6499
36	Norvège	59 juridictions individuelles	66	3471	3409	70	6606
37	Panama	48 juridictions individuelles	5	3891	4637	12	37823
38	Pérou	13 juridictions individuelles	10	2443	1809	48	6233
39	Pologne	5 juridictions individuelles	28	4791	3459	85	16463
40	Portugal	48 juridictions individuelles	23	3324	1195	25	11893
41	Roumanie	146 juridictions individuelles	4	34185	12848	329	63982
42	Arabie saoudite	96 juridictions individuelles	35	9712	17509	1394	14202

43	Singapour	27 juridictions individuelles	73	6425	5097	85	11995
44	Slovénie	5 juridictions individuelles	6	2303	961	17	5341
45	Afrique du Sud	38 juridictions individuelles	58	3613	2838	82	32973
46	Espagne	106 juridictions individuelles	139	5066	3776	64	18961
47	Suède	Continents	117	4097	2004	89	14594
48	Suisse	139 juridictions individuelles	159	7799	5068	138	18859
49	Tunisie	9 juridictions individuelles	3	2137	2447	28	10873
50	Turquie	45 juridictions individuelles	57	5263	2333	86	17432
51	Royaume-Uni	Continents	399	7363	4690	145	21150
52	États-Unis	139 juridictions individuelles	1759	9254	4888	164	22395

Note : Les montants (toutes les valeurs à l'exception du nombre de déclarations pays par pays et de l'effectif) sont exprimés en millions de dollars des États-Unis (USD). Le niveau de ventilation des données varie selon les règles applicables dans chaque juridiction déclarante en matière de confidentialité des données. Les valeurs moyennes n'ont pas été indiquées pour la Tchéquie, le nombre de déclarations n'ayant pas été fourni pour des raisons liées à la protection de la confidentialité des données.
Source : Statistiques agrégées et anonymisées issues des déclarations pays par pays

Les EMN nationales et étrangères représentent une part importante des recettes de l'IS dans plusieurs juridictions. Le Graphique 5.4. indique, pour une sélection de pays, le total de l'impôt sur les bénéfices dû, calculé à partir des statistiques des déclarations pays par pays, et exprimé en pourcentage du total des recettes de l'IS, tel qu'il ressort de la Base de données mondiale des statistiques des recettes publiques de l'OCDE. Il permet d'examiner le poids relatif des contributions des EMN nationales et étrangères d'après des données de 2020[8].

Le Graphique 5.5. illustre la variation de la contribution des EMN rapportée au total des recettes de l'IS par rapport à 2019. Vingt juridictions enregistrent une nette augmentation de la contribution des EMN au total de leurs recettes tirées de l'IS. La contribution, exprimée en pourcentage, des EMN grecques et mauriciennes a progressé de plus de 20 points en 2020. A contrario, six juridictions ont enregistré une baisse de cette contribution de plus de 10 points entre 2019 et 2020.

Les EMN exercent leurs activités à la fois sur le territoire de leur propre juridiction, où se situe l'EMU, et dans les juridictions étrangères dans lesquelles se situent leurs entités étrangères. Le Graphique 5.6. contient des informations détaillées sur la répartition des activités des EMN entre leur propre juridiction et les juridictions étrangères, les activités exercées à l'étranger étant ventilées entre groupements régionaux. La tendance à la hausse observée dans toutes les parties du graphique va de pair avec l'élargissement de la couverture des EMN décrit dans le Graphique 5.3. ; la forte baisse des bénéfices totaux peut cependant être considérée comme un symptôme de la pandémie de COVID-19.

Les parties A-D montrent la localisation de certaines activités financières, allant du chiffre d'affaires réalisé avec des parties non liées dans la partie A aux actifs dans la partie D. La distribution représentée dans la partie A fait apparaître que respectivement 20 000, sur 31 000 milliards USD, et 36 000, sur 62 000 milliards USD imputés à l'EMU en 2016 et 2020 étaient localisés sur le territoire national. Il en découle que pendant les années pour lesquelles on dispose de données, la majeure partie de l'activité en question était exercée sur le territoire national. Cette tendance se retrouve dans les parties B-D, ainsi que dans la partie E, qui illustre la répartition des salariés. La partie F, dans laquelle est représentée la répartition des entités, est une exception à cet égard. Il ressort du graphique que la part des entités nationales a été d'environ un tiers sur la période 2016 à 2020. Les données disponibles donnent donc à penser que lorsqu'une EMN crée une entité, dans la plupart des cas, celle-ci est située dans une juridiction étrangère par rapport à la localisation de l'EMU.

Graphique 5.4. Contribution des EMN au total des recettes de l'IS, 2020

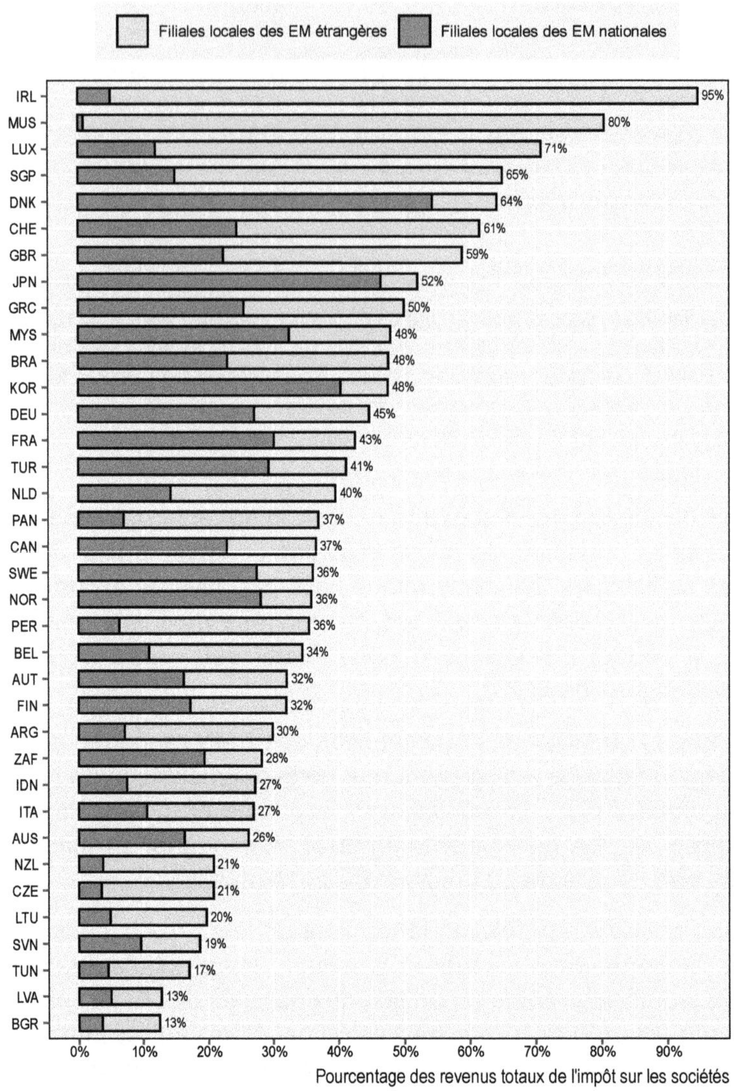

Note : Les pourcentages ci-dessus sont calculés en divisant le montant total de l'impôt dû sur, tél qu'il ressort des Statistiques des déclarations pays par pays par le total des recettes de l'impôt sur les sociétés tel qu'il figure dans la Base de données mondiale des statistiques des recettes publiques de l'OCDE. Le graphique montre le total des recettes provenant des EMN, nationales ou étrangères, en pourcentage du total des recettes, étant entendu que les juridictions sont classées selon la contribution totale des EMN au total des recettes de l'IS. En raison de décalages temporels potentiels dans la comptabilisation des paiements fiscaux entre les impôts dus indiqués dans les déclarations pays par pays et les recettes fiscales comptabilisées dans les Statistiques des recettes publiques, les pourcentages ont une valeur indicative. Les recettes provenant des EMN étrangères correspondent à la somme des impôts dus déclarés dans la juridiction par les EMN ayant leur siège dans d'autres juridictions. Elles doivent être considérées comme une estimation basse dans la mesure où elles ne peuvent être déclarées que lorsque la ventilation géographique permet de disposer de données au niveau des juridictions. Les données pour les juridictions qui manquent ne figurent pas parce que ces pays ne sont pas couverts dans la Base de données mondiale 2020 des Statistiques des recettes publiques de l'OCDE. Pour les États-Unis, la part des recettes provenant des EMN dans le total des recettes fiscales n'est pas présentée dans ce graphique parce que l'introduction d'une taxe transitoire unique dans le cadre de la Tax Cuts and Jobs Acts de 2017 a créé une asymétrie entre le numérateur et le dénominateur de ce ratio. Les EMN déclarent généralement cette taxe transitoire dans le montant des impôts sur les bénéfices dus et des impôts sur les bénéfices acquittés dans la déclaration pays par pays. Toutefois, le Bureau of Economic Analysis (BEA) des États-Unis ne la classe pas dans les recettes de l'IS (https://www.bea.gov/help/faq/1293). Par conséquent, la part des impôts sur les bénéfices dus dans les recettes de l'IS aux États-Unis serait artificiellement gonflée dans les données des déclarations pays par pays et ne serait pas représentative de la contribution fiscale des EMN aux recettes de l'IS en 2020. Cette asymétrie devrait persister pendant encore un certain nombre d'années dans la mesure où les contribuables peuvent choisir d'étaler le paiement de l'impôt sur plusieurs années.

Source : Statistiques anonymisées et agrégées issues des déclarations pays par pays, 2020, et Base de données des statistiques des recettes publiques de l'OCDE.

StatLink https://stat.link/dw35mo

Graphique 5.5. Contribution des EMN au total des recettes de l'IS, comparaison avec 2019

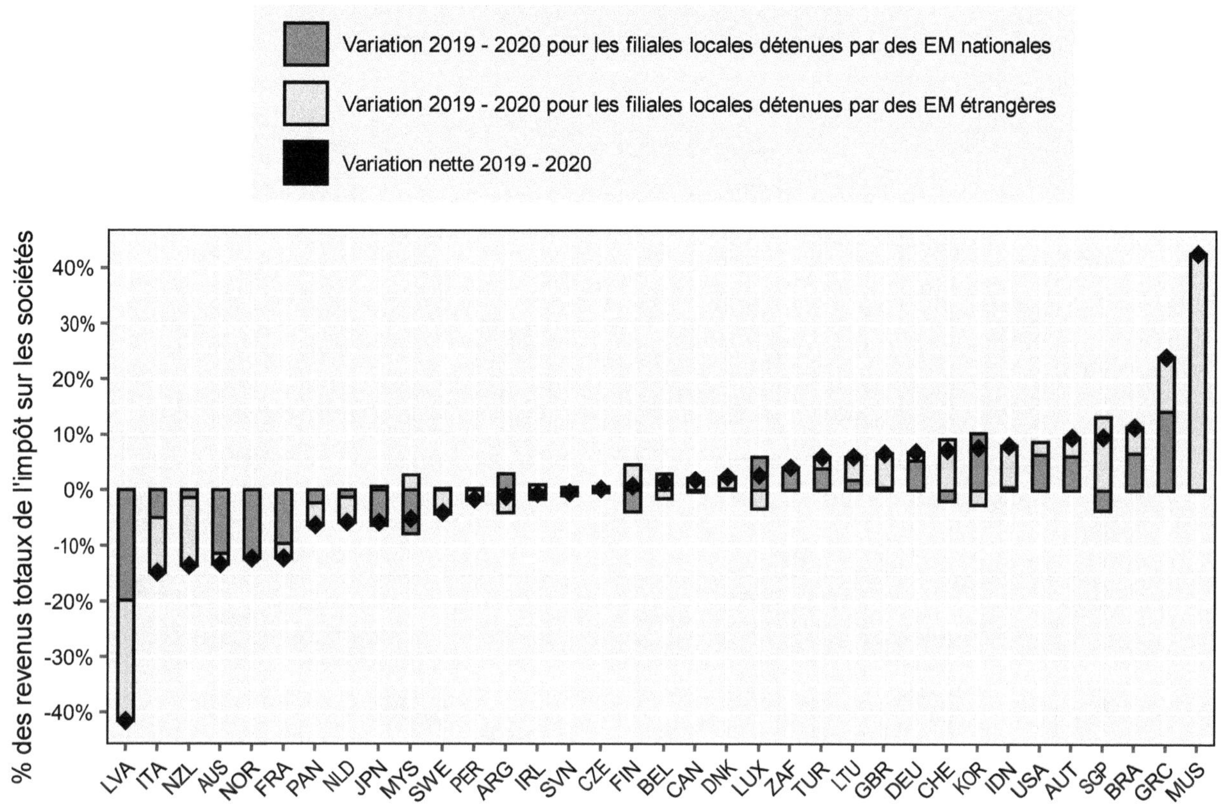

Source : Statistiques anonymisées et agrégées issues des déclarations pays par pays et Base de données des statistiques des recettes publiques de l'OCDE.

StatLink https://stat.link/ceni7k

Graphique 5.6. Activités exercées sur le territoire national et à l'étranger

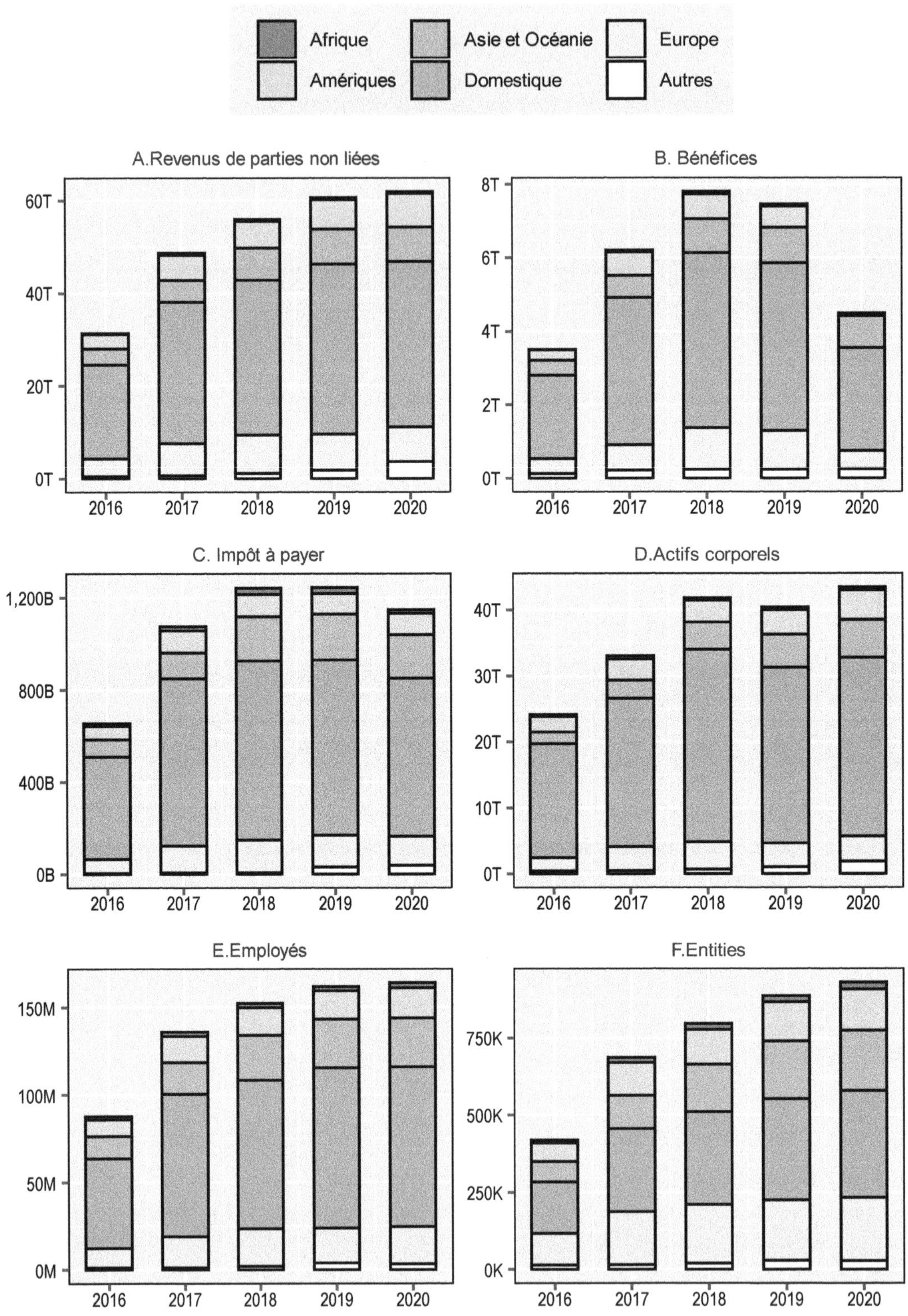

Note : T = millier de milliards, B = milliard, M = million, K = millier

Source : Statistiques agrégées et anonymisées issues des déclarations pays par pays. Ces données reposent sur le Tableau 1A des statistiques issues des déclarations pays par pays.

StatLink https://stat.link/ilg92k

Observations d'ordre général sur les tableaux de la déclaration pays par pays

La présence et la prévalence de différents types d'activités peuvent varier selon les régions pour diverses raisons, y compris, notamment, le niveau de développement, la structure démographique, la structure des échanges ou les conditions macroéconomiques. L'existence de pratiques de BEPS peut également modifier la prévalence dans une région donnée. Le Graphique 5.7. présente une vue d'ensemble des trois principales activités exercées, ventilées entre cinq groupes régionaux pour l'année la plus récente pour laquelle on dispose de données (2018).

Les activités de vente, de commercialisation et de distribution représentent environ un cinquième du total des activités exercées dans quatre des cinq groupements régionaux (à savoir toutes les activités à l'exception des « Autres activités »). Dans les régions comptant une proportion relativement élevée de pays à faible revenu et à revenu intermédiaire comme l'Afrique et l'Asie et l'Océanie, la fabrication ou la production constitue également une activité fréquemment exercée, représentant environ 13 % du nombre total d'activités dans chaque région. L'Europe est la seule région où les services administratifs, de gestion ou de soutien font partie des trois principales activités exercées (13.0 %). La détention d'actions ou d'autres instruments de fonds propres, ou la gestion d'actifs de propriété intellectuelle, sont des activités qui se hissent parmi les trois principales activités exercées uniquement dans le groupement régional « Autres » dans lequel figurent les entités apatrides et les entités qui restent après ventilation. Cette observation peut signaler la présence de structures de planification fiscale, mais pourrait aussi résulter de l'exercice, par ces entités, d'une activité purement commerciale.

Graphique 5.7. Trois principales activités exercées, par région

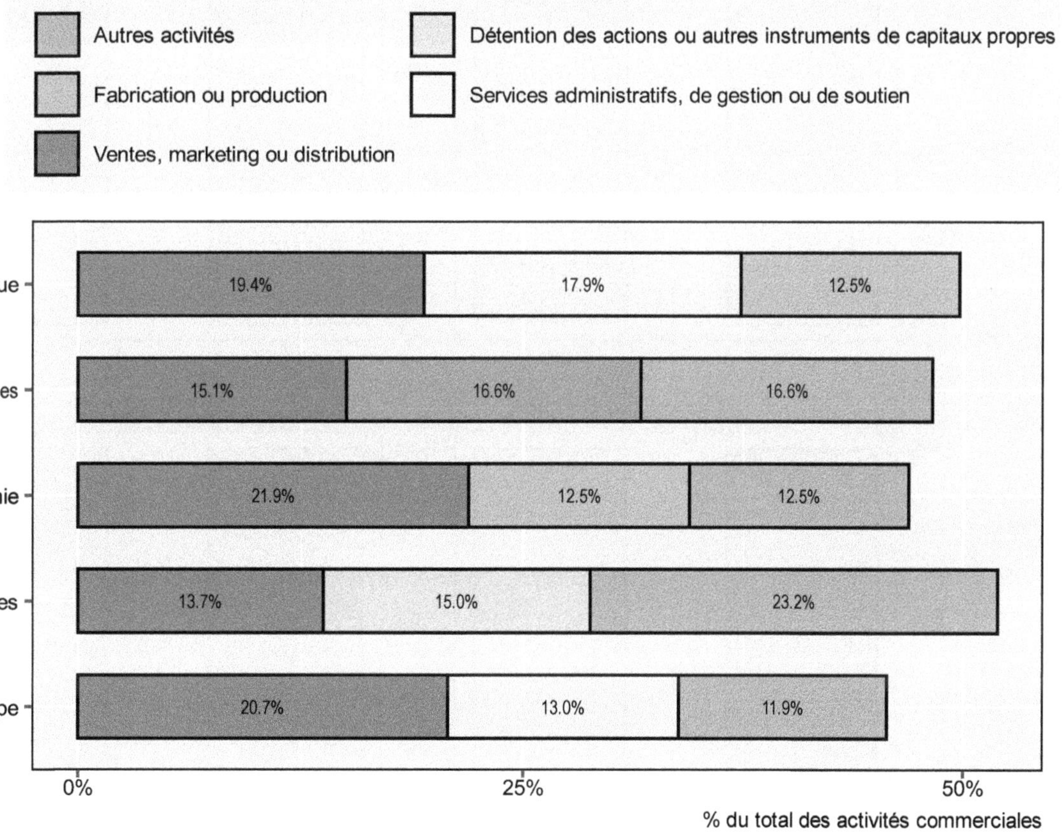

Source : Statistiques agrégées et anonymisées issues des déclarations pays par pays, 2020. Ces données reposent sur les données relatives aux activités d'entreprise présentées dans le Tableau 1A des statistiques issues des déclarations pays par pays.

StatLink https://stat.link/w9ivae

Graphique 5.8. Données ventilées en fonction du TEI appliqué au groupe d'EMN

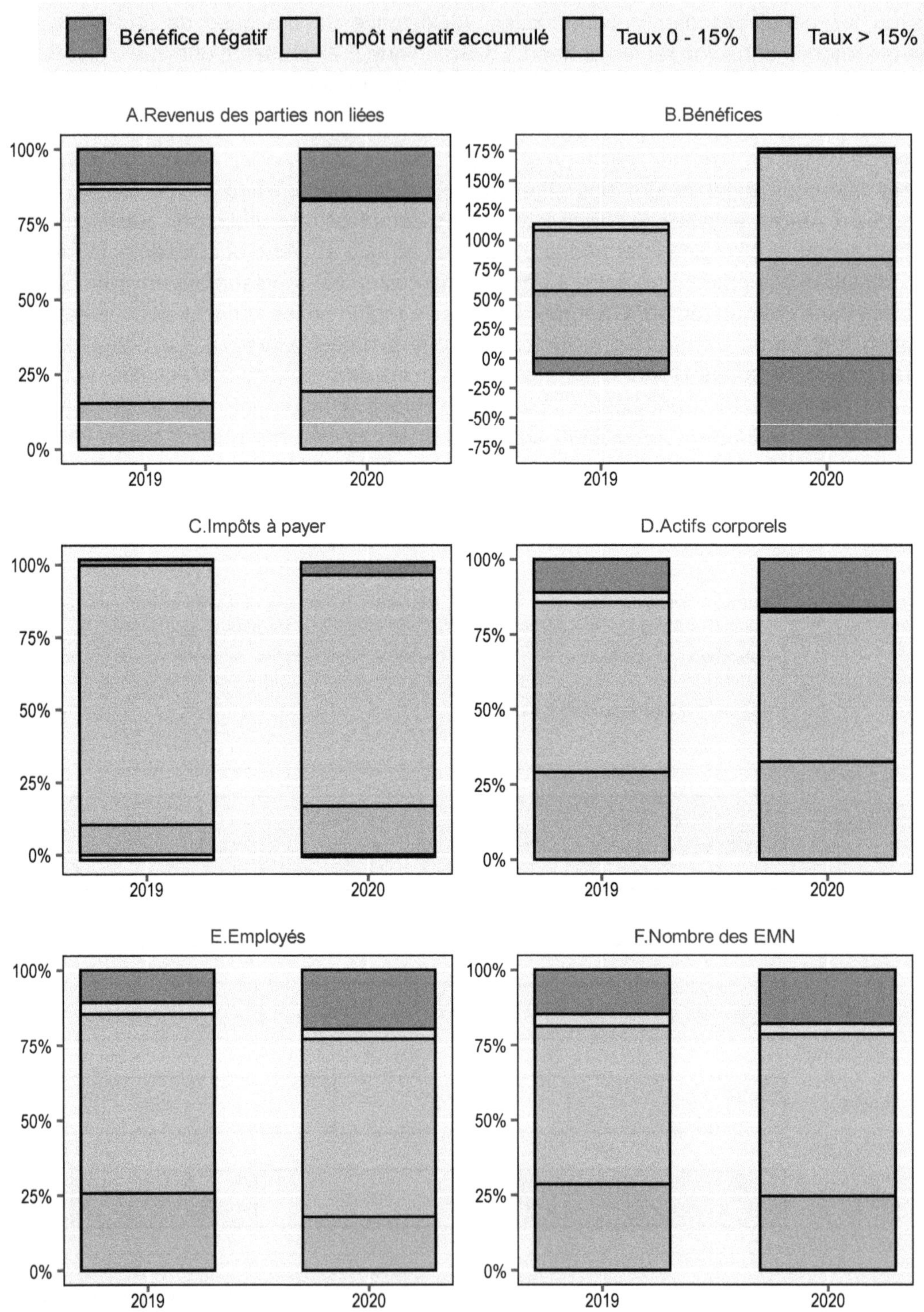

Source : Statistiques agrégées et anonymisées issues des déclarations pays par pays, 2019 et 2020. Ces données reposent sur le Tableau 4 des statistiques issues des déclarations pays par pays.

StatLink https://stat.link/69quhw

Le Graphique 5.8. représente la part des différentes activités exercées par les EMN ventilées entre quatre groupes composés respectivement des EMN dont le bénéfice total était négatif, des EMN dont l'impôt total dû était négatif, des EMN situées dans une juridiction dans laquelle le TEI se situait entre 0 et 15 %, et des EMN situées dans une juridiction dans laquelle le TEI était égal ou supérieur à 15 %. Les six parties proposent des représentations de données statistiques différentes, à savoir le nombre d'EMN (partie F), le nombre de salariés (partie E) et un choix de variables financières (parties A-D).

Les informations présentées dans le Graphique 5.9. sont les mêmes que celles présentées dans le Graphique 5.8. , si ce n'est que la ventilation entre les quatre groupes est fondée sur des caractéristiques par sous-groupe. En outre, la partie F représente désormais le nombre de sous-groupes, et non plus le nombre d'EMN (comme c'est le cas dans la partie A ci-avant).

Le Graphique 5.9. représente la part des différentes activités exercées par les EMN ventilées entre quatre sous-groupes d'EMN composés respectivement des EMN dont le bénéfice total était négatif, des EMN dont l'impôt total dû était négatif, des EMN situées dans une juridiction dans laquelle le TEI appliqué au sous-groupe se situait entre 0 et 15 %, et des EMN situées dans une juridiction dans laquelle le TEI appliqué au sous-groupe était égal ou supérieur à 15 %. Les six parties proposent des représentations de données statistiques différentes, à savoir le nombre de sous-groupes (partie F), le nombre de salariés (partie E) et un choix de variables financières (parties A-D).

La taille des groupes d'EMN varie au sein de l'échantillon, qui comprend un petit nombre de groupes relativement grands. Le Graphique 5.10. montre les points de la distribution du chiffre d'affaires réalisé avec des parties non liées des groupes d'EMN ayant leur siège dans l'une des juridictions déclarantes. Dans l'ensemble des juridictions, la taille moyenne des EMN, en termes de chiffre d'affaires réalisé avec des parties non liées, est nettement plus élevée que la taille médiane, ce qui signifie que les groupes d'EMN de relativement grande taille sont peu nombreux dans l'échantillon.

Principaux enseignements tirés des données des déclarations pays par pays sur les pratiques de BEPS

La publication de ces données anonymisées et agrégées issues des déclarations pays par pays (2020) apporte un nouvel éclairage sur les pratiques de BEPS.

En raison des limites inhérentes aux données figurant dans les déclarations pays par pays, la plus grande prudence est de rigueur lorsqu'on tente de tirer de ces données des conclusions sur les pratiques de BEPS, d'autant plus que cette année est seulement la cinquième pour laquelle on dispose de données anonymisées et agrégées. Cinq années de recul ne peuvent apporter qu'un éclairage très limité sur les variations et les tendances potentielles en matière de pratiques de BEPS. À cela s'ajoute que la comparabilité entre l'échantillon de 2016 et les échantillons de 2017 à 2020 est limitée parce que certains pays sont passés d'un mécanisme de dépôt volontaire à un mécanisme de dépôt obligatoire et parce qu'il existe des différences en termes d'exercices couverts (voir Encadré 5.2). Ces réserves mises à part, l'édition 2023 de cette série de statistiques issues des déclarations pays par pays fournit quelques indications sur le phénomène de BEPS :

On observe un décalage entre le lieu où les bénéfices sont déclarés et celui où sont exercées les activités économiques. Les données montrent des écarts persistants dans la répartition, entre les groupes de juridictions, des effectifs, des actifs corporels et des bénéfices[9]. Le Graphique 5.11. présente la répartition des activités étrangères des EMN entre les groupes de juridictions[10]. À titre d'exemple, les pays à revenu élevé et à revenu intermédiaire représentent une part plus importante du total des effectifs (avec respectivement 32 % et 42 %) et du total des actifs corporels (avec respectivement 32 % et 32 %) que des bénéfices (avec respectivement 25 % et 14 %). À l'inverse, dans les centres d'investissement, en moyenne, la part des bénéfices est relativement élevée (30 %), comparativement à celle des effectifs (4 %)

et des actifs corporels (11 %). Les juridictions à revenu élevé, les juridictions à revenu intermédiaire et les centres d'investissement représentent respectivement 32 %, 32 % et 10 % des impôts dus[11].

Les recettes et les bénéfices par salarié sont généralement plus élevés dans les centres d'investissement. Le Graphique 5.12. et le Graphique 5.13. font ressortir que le chiffre d'affaires et les bénéfices totaux, rapportés au nombre de salariés, sont plus élevés dans les centres d'investissement. Dans ces derniers, le chiffre d'affaires médian par salarié s'établit à 1 710 000 USD, tandis qu'il s'élève à 460 000 USD, 195 000 USD et 160 000 USD respectivement dans les juridictions à revenu élevé, intermédiaire et faible. S'il est possible que ces chiffres reflètent des différences en matière d'intensité capitalistique et de productivité des travailleurs, il est également probable qu'ils soient pour partie un indicateur de pratiques de BEPS.

Graphique 5.9. Données ventilées en fonction du TEI appliqué au sous-groupe d'EMN

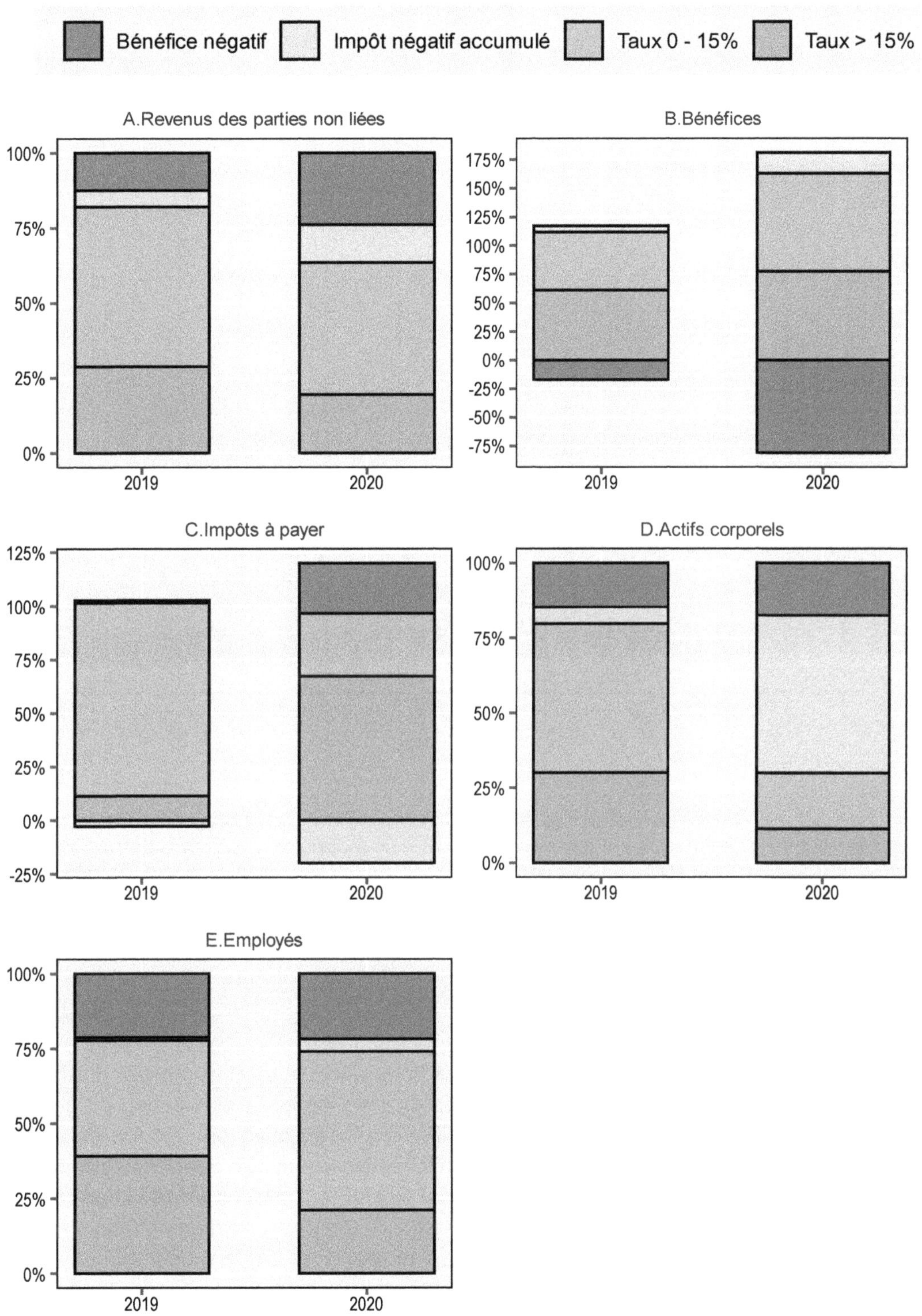

Source : Source : Statistiques agrégées et anonymisées issues des déclarations pays par pays, 2019 et 2020. Ces données reposent sur le Tableau 5 des statistiques issues des déclarations pays par pays.

StatLink https://stat.link/jgurm3

Graphique 5.10. Ventilation du chiffre d'affaires réalisé par les EMN avec des parties non liées, par juridiction de l'entité mère ultime

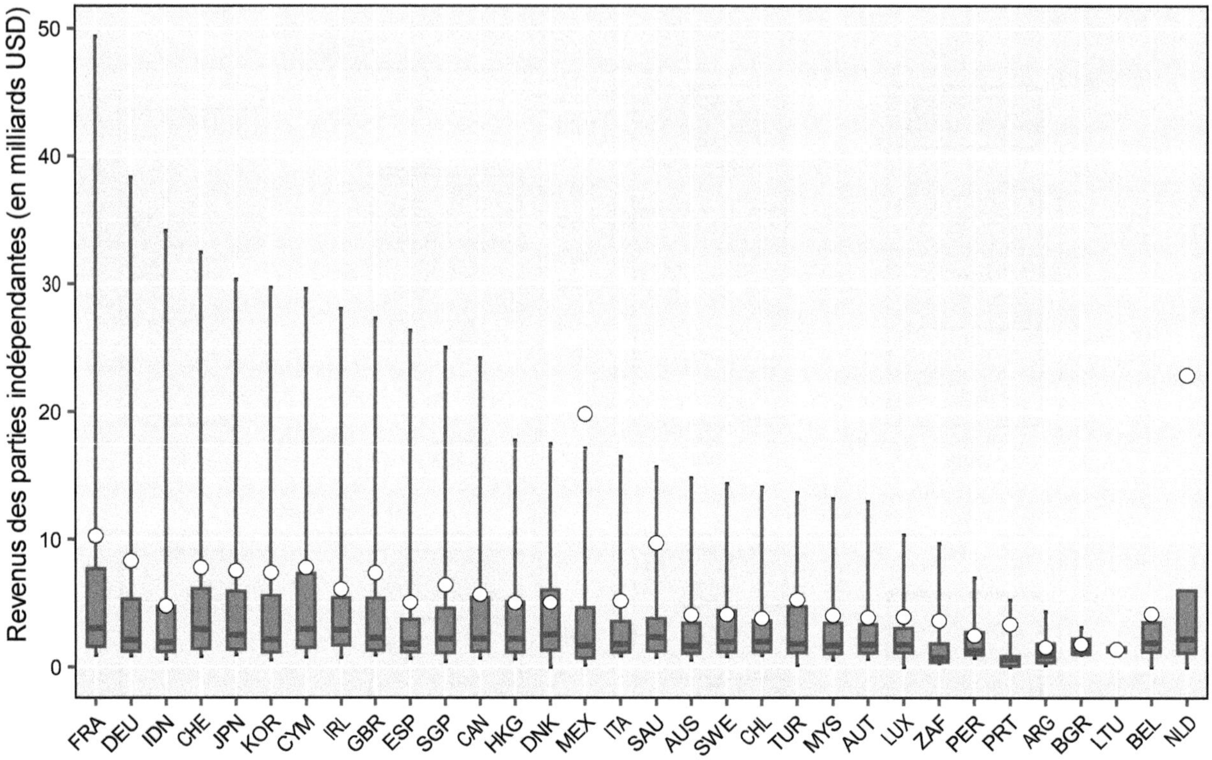

Note : Le point blanc représente la valeur moyenne (calculée en divisant les totaux par le nombre de déclarations pays par pays), les rectangles bleus sont délimités par le 25e et le 75e centiles et représentent donc 50 % de l'échantillon au sein de chaque juridiction. La barre noire horizontale correspond à la médiane (50e centile). Les deux moustaches correspondent au 5e et au 95e centiles. Les juridictions sont classées par rapport au 95e centile lorsque les données sont disponibles. Les pays couverts reflètent les données disponibles dans le Tableau 6 des statistiques issues des déclarations pays par pays.
Source : Statistiques agrégées et anonymisées issues des déclarations pays par pays, 2020

StatLink https://stat.link/j5n3ho

En moyenne, la part du chiffre d'affaires des parties liées dans le total du chiffre d'affaires est plus élevée dans certaines juridictions. Le Graphique 5.14. représente la distribution du chiffre d'affaires réalisé avec des parties liées en pourcentage du chiffre d'affaires total, par groupe de juridictions. En moyenne, cette part est plus élevée dans les centres d'investissement que dans les pays à revenu élevé, intermédiaire et faible. Dans les centres d'investissement, le chiffre d'affaires réalisé avec des parties liées représente plus de 30 % du total du chiffre d'affaires, alors que sa part médiane s'établit respectivement à 18 % et 13 % dans les juridictions à revenu élevé et intermédiaire. La part médiane est beaucoup plus faible dans les juridictions à faible revenu puisqu'elle ressort à tout juste 5 %. Quoiqu'un niveau élevé de chiffre d'affaires avec des parties liées puisse se justifier sur le plan commercial, il constitue également un critère d'évaluation générale des risques et pourrait témoigner de l'existence de stratégies de planification fiscale.

La composition de l'activité varie selon les groupes de juridictions. Le Graphique 5.15. indique la part des activités principales au sein de chaque groupe de juridictions. Le commerce, la production et les services sont les activités dominantes dans les juridictions à revenu élevé, intermédiaire et faible tandis que l'activité de « détention d'actions », qui englobe également d'autres instruments de fonds propres, domine dans les centres d'investissement. La concentration de sociétés de portefeuille constitue un critère d'évaluation des risques et pourrait indiquer la présence de structures de planification fiscale. Néanmoins, de même que pour le chiffre d'affaires avec des parties liées, une telle concentration peut aussi s'expliquer par des accords commerciaux réels.

Graphique 5.11. Part des activités des EMN étrangères selon les groupes de juridictions

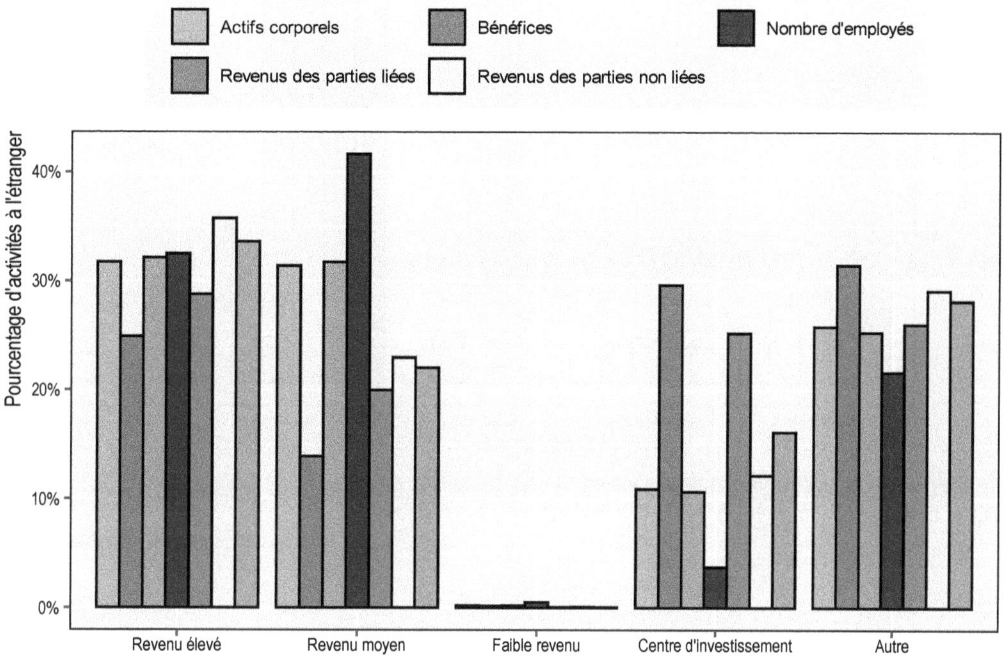

Note : Le montant des bénéfices peut inclure dans certains cas des dividendes intragroupe, et donc être surestimé. Les barres représentent la part des différents groupes de juridictions dans le total des variables (bénéfices dans le groupe x/total des bénéfices comptabilisés dans des juridictions étrangères) pour toutes les juridictions de l'échantillon couvert par la déclaration pays par pays. Les pourcentages sont calculés à partir des données figurant dans la partie A du tableau 1A (ensemble des sous-groupes). « Autres » désigne des groupements géographiques agrégés et des entités apatrides.
Source : Statistiques agrégées et anonymisées issues des déclarations pays par pays, 2020

StatLink https://stat.link/gvu8tq

Graphique 5.12. Bénéfice médian par salarié : distribution à l'intérieur des différents groupes de juridictions

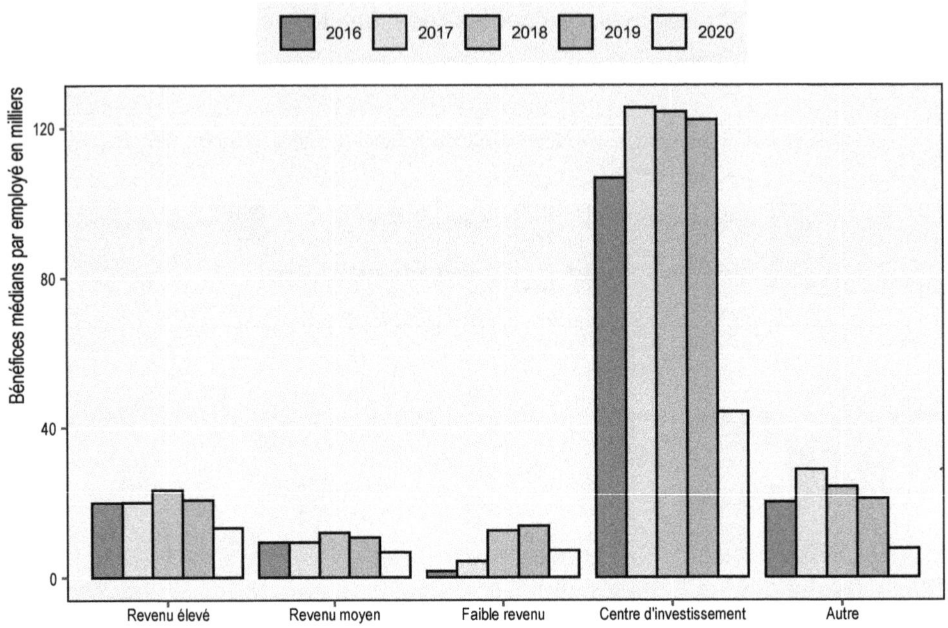

Note : « Autres » désigne des groupements géographiques agrégés et des entités apatrides.
Source : Statistiques agrégées et anonymisées issues des déclarations pays par pays

StatLink https://stat.link/fjlvd3

Graphique 5.13. Chiffre d'affaires total médian par salarié : distribution à l'intérieur des différents groupes de juridictions

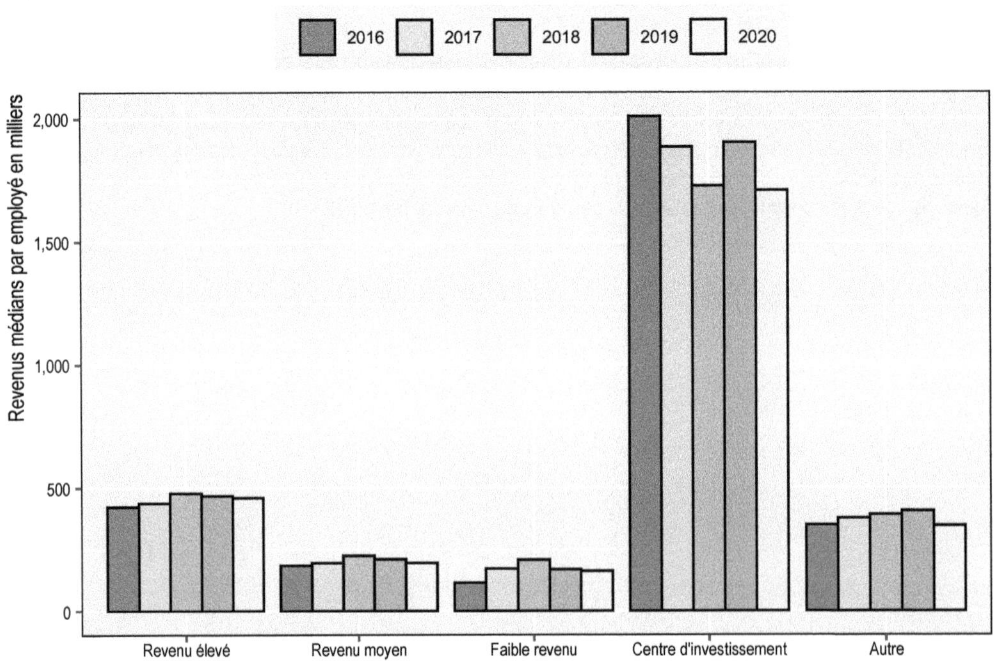

Note : « Autres » désigne des groupements géographiques agrégés et des entités apatrides.
Source : Statistiques agrégées et anonymisées issues des déclarations pays par pays, 2020

StatLink https://stat.link/sz5ytf

Graphique 5.14. Part médiane du chiffre d'affaires réalisé avec des parties liées : distribution à l'intérieur des différents groupes de juridictions

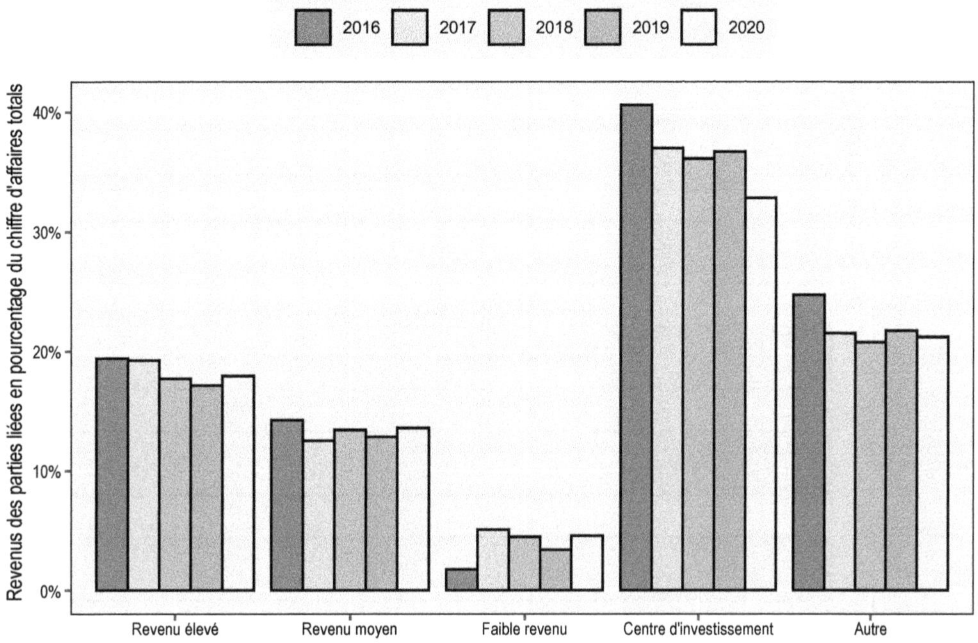

Note : Le graphique représente la distribution du chiffre d'affaires réalisé avec des parties liées en pourcentage du chiffre d'affaires total dans chaque groupe de juridictions. « Autres » désigne des groupements géographiques agrégés et des entités apatrides.
Source : Statistiques agrégées et anonymisées issues des déclarations pays par pays, 2020

StatLink https://stat.link/afcgve

Graphique 5.15. Les trois principales activités exercées selon les groupes de juridictions

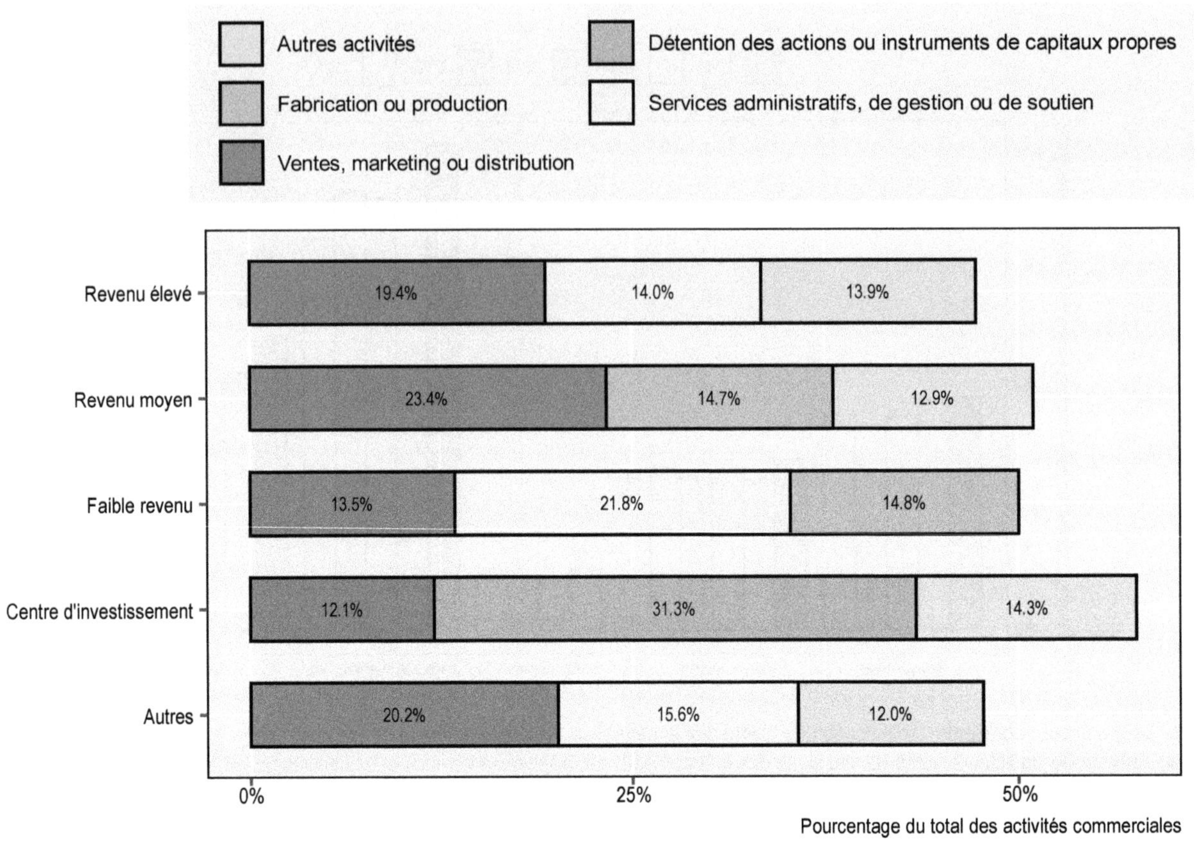

Note : Ces pourcentages sont calculés en divisant le chiffre correspondant à chaque activité exercée dans un groupe de juridictions par le nombre total d'activités exercées dans ce groupe lorsque les données sont disponibles. À titre d'exemple, 20 % de l'ensemble des activités exercées dans les juridictions à revenu élevé relèvent de la catégorie « Vente ». Les entités peuvent relever d'une ou plusieurs des catégories d'activité suivantes : recherche-développement ; détention ou gestion de droits de propriété intellectuelle ; achats ou approvisionnement ; fabrication ou production (fabrication) ; ventes, commercialisation ou distribution (ventes) ; services administratifs, de gestion ou de soutien ; fourniture de services à des parties non liées (services) : financement interne du groupe ; services financiers réglementés ; services d'assurance ; détention d'actions ou d'autres instruments de fonds propres (détention d'actions) ; activités dormantes ; autres activités. En ce qui concerne les États-Unis, sont également inclus dans la catégorie « autres activités » : la détention ou la gestion d'actifs de propriété intellectuelle ; les assurances ; le financement interne du groupe ; et les activités de recherche-développement.
Source : Statistiques agrégées et anonymisées issues des déclarations pays par pays, 2020

StatLink https://stat.link/l950os

Bibliographie

OCDE (2017), *Mesurer et suivre les données relatives au BEPS, Action 11 - Rapport final 2015*, Projet OCDE/G20 sur l'érosion de la base d'imposition et le transfert de bénéfices, Éditions OCDE, Paris, https://doi.org/10.1787/9789264282711-fr. [1]

Notes

[1] Dans le cas des États-Unis, les données présentées dans les déclarations pays par pays sont moins détaillées que dans les formulaires de l'Inland Revenue Service (IRS) 5471, 8865 et 8858.

[2] À l'exception des revenus apatrides, qui peuvent correspondre à des activités intérieures ou étrangères.

[3] Les EMN déclarantes peuvent choisir d'utiliser des données tirées de leurs états consolidés, des états financiers distincts relatifs aux entités qui sont prévus par la loi, des états financiers prévus par la réglementation ou de comptes de gestion internes. Dans certaines juridictions, les contribuables sont autorisés à utiliser les états financiers ou les documents conservés à des fins fiscales.

[4] Dans l'Union européenne, la directive du Conseil 2011/96/UE limite la capacité des États membres d'imposer les dividendes versés. L'objectif est d'exonérer de retenue à la source les dividendes et autres bénéfices distribués par des filiales à leur société mère, et d'éliminer la double imposition de ces revenus au niveau de la société mère.

[5] Les analyses par pays entreprises par l'Irlande, l'Italie, les Pays-Bas, la Suède et le Royaume-Uni sont accessibles à l'adresse suivante : Irlande : https://oe.cd/3Kn ; Italie : https://oe.cd/3Ko; Pays-Bas : https://oe.cd/3Kp ; Suède : https://oe.cd/3Kq ; Royaume-Uni : https://oe.cd/3Kr.

[6] Le Rapport sur l'Action 13 du Projet BEPS ((https://www.oecd.org/fr/fiscalite/documentation-des-prix-de-transfert-et-aux-declarations-pays-par-pays-action-13-rapport-final-2015-9789264248502-fr.htm) prévoit un réexamen du standard minimum qui introduit la Déclaration pays par pays (réexamen de 2020). Une réunion de consultation publique sur le réexamen de 2020 de l'Action 13 du Projet BEPS s'est tenue virtuellement les 12 et 13 mai 2020, et a été l'occasion pour les parties prenantes externes d'apporter leur éclairage sur les travaux en cours.

[7] Les données de 2017 et les séries ultérieures se rapportent à des exercices clos entre le 1er janvier et le 31 décembre de l'année considérée alors que les données de 2016 sont issues de déclarations pays par pays couvrant des exercices qui commencent entre le 1er janvier et le 1er juillet 2016.

[8] Les contributions des EMN étrangères pourraient être sous-estimées pour deux grandes raisons : premièrement, certaines juridictions fournissent des données dont la ventilation géographique est limitée ; deuxièmement, on ne dispose pas de données sur les contributions des EMN ayant leur société mère dans des juridictions qui n'ont pas fourni d'informations.

[9] Comme indiqué dans l'Encadré 5.2, et comme expliqué plus en détail à l'adresse https://www.oecd.org/fr/fiscalite/politiques-fiscales/statistiques-anonymisees-et-agregees-cbcr-

avertissement.pdf, les bénéfices peuvent être surévalués en raison de l'intégration de dividendes intragroupe. S'agissant de l'évaluation de l'ordre de grandeur potentiel des dividendes inclus, des analyses par pays sont accessibles à l'adresse suivante : Pays-Bas : https://oe.cd/3Ko ; Irlande : https://oe.cd/3Kp ; Italie : https://oe.cd/3Kn ; Suède : https://oe.cd/3Kq ; Royaume-Uni : https://oe.cd/3Kr.

[10] Les juridictions, regroupées selon la classification de la Banque mondiale (revenu élevé, revenu intermédiaire et faible revenu), se répartissent comme suit : 61 juridictions à revenu élevé, 104 juridictions à revenu intermédiaire et 29 juridictions à faible revenu. Les centres d'investissement désignent les juridictions dont le stock total d'investissement direct étranger (IDE) entrant dépasse 150 % du produit intérieur brut (PIB).

[11] Le montant des impôts dus dans une juridiction dépend à la fois des taux effectifs d'imposition et des bénéfices imposables.

6 Régimes de propriété intellectuelle

Informations clés

- 43 régimes au total ont été jugés non dommageables et un régime a été qualifié de dommageable. Sept régimes étaient en cours de modification ou de suppression parce qu'ils n'étaient pas conformes au standard minimum de l'Action 5 du Projet sur l'érosion de la base d'imposition et le transfert de bénéfices (BEPS). Huit régimes ont été supprimés en 2023 et un régime était en cours d'examen car il n'avait pas encore été déterminé s'il était conforme au standard minimum de l'Action 5.
- Sur les 43 régimes de propriété intellectuelle (PI) non dommageables, tous accordent des avantages aux brevets, 36 aux logiciels protégés par des droits d'auteur et 19 à la troisième catégorie autorisée d'actifs qui sont limités aux petites et moyennes entreprises (PME).
- Les réductions de taux d'imposition applicables dans le cadre des 43 régimes de PI non dommageables vont d'une exonération intégrale à une réduction d'environ 40 % du taux normal d'imposition.
- Les sept régimes en passe d'être modifiés ou supprimés exonèrent l'intégralité des revenus de la PI.

La *Base de données des statistiques de l'impôt sur les sociétés* présente également des informations sur les régimes de PI. De nombreuses juridictions se sont dotées de ces régimes, grâce auxquels les revenus tirés de l'exploitation de certains actifs de PI sont imposés à un taux inférieur au taux d'imposition légal standard.

Les pouvoirs publics peuvent aussi utiliser ces régimes afin d'encourager les activités de recherche et développement (R-D) sur leur territoire. On a ainsi assisté à la mise en place de régimes de PI conçus pour inciter les entreprises à localiser leurs actifs de PI dans une juridiction alors que les activités de R-D sous-jacentes sont menées dans une autre juridiction. Toutefois, l'approche du lien prévue par le standard minimum de l'Action 5 du BEPS exige désormais de n'octroyer les avantages fiscaux visant les revenus de la PI qu'à la condition que les activités de R-D menées par un contribuable en vue de produire l'actif de PI le soient dans la juridiction qui accorde ces avantages.

Régimes de propriété intellectuelle

Les informations réunies pour chaque régime de PI dans la *Base de données des statistiques de l'impôt sur les sociétés* sont les suivantes :

- le nom du régime ;
- les actifs de PI éligibles ;
- le taux réduit applicable en vertu du régime de PI ;
- le statut du régime de PI selon le FHTP.

La Base de données des statistiques de l'impôt sur les sociétés s'appuie sur les informations détaillées collectées par le FHTP pour ses examens par les pairs portant sur les régimes fiscaux préférentiels. Les renseignements et le statut présentés étaient exacts en juin 2023. Les modifications des régimes qui ont été décidées en 2023 mais ne prendront effet qu'en 2024 ne sont pas recensées dans cette édition de la base de données.

Les informations présentées dans cette édition décrivent les grandes lignes des régimes de PI en vigueur en 2023. Les prochaines éditions tiendront compte des effets de ces régimes dans l'analyse des taux effectifs d'imposition des sociétés.

Les taux réduits prévus par les régimes de PI non dommageables s'échelonnaient entre 0 % et 18.75 % en 2023. La réduction de taux prévue par les régimes de PI non dommageables s'échelonne entre environ 40 % et 100 % (exonération d'impôt intégrale).

Qu'est-ce qu'un régime de propriété intellectuelle ?

Les régimes de PI peuvent être des régimes qui accordent exclusivement des avantages aux revenus issus de la PI, mais certains régimes assimilés à des régimes de PI sont en fait « mixtes » : ils accordent aussi des avantages aux revenus provenant d'autres activités géographiquement mobiles ou à une large gamme d'activités sans exclure nécessairement les revenus tirés de la PI.

La Base de données des statistiques de l'impôt sur les sociétés contient des informations à la fois sur les régimes qui ciblent étroitement les revenus de la PI et sur ceux qui offrent des taux réduits applicables aux revenus de la PI comme à d'autres types de revenus. Sur les 61 régimes de PI répertoriés dans la base, 34 ont été examinés par le FHTP en tant que régimes de PI uniquement et 27 l'ont été en qualité de régimes « mixtes » (applicables aux revenus de la PI et à d'autres types de revenus).

Statut des régimes de propriété intellectuelle

À partir de leurs caractéristiques, les régimes de PI sont qualifiés de : dommageables (parce qu'ils ne sont pas conformes à l'approche du lien), non dommageables (ils sont conformes à l'approche du lien et satisfont à d'autres critères du processus d'examen) ou potentiellement dommageables (ils ne sont pas conformes à l'approche du lien et/ou à d'autres critères du processus d'examen, mais leurs effets économiques n'ont pas encore été évalués). Le processus d'examen par les pairs se poursuit et en 2023, la grande majorité des régimes étaient pleinement conformes au standard minimum établi par l'Action 5. Ces régimes apparaissent dans la liste avec le statut « non dommageable » ou « non dommageable (modifié) ». Ceux qui étaient déjà fermés à de nouveaux adhérents en 2023 (d'après les résultats des examens par les pairs approuvés par le Cadre inclusif en juin 2023) apparaissaient avec le statut « supprimé » dans la base de données, bien que les avantages correspondants puissent continuer d'être accordés pendant un certain temps aux entreprises déjà couvertes par le régime. Dans la plupart des cas, ce maintien des droits prendra fin le 30 juin 2024. Aucun régime de PI n'a été supprimé en 2023.

La Base de données des statistiques de l'impôt sur les sociétés renseigne sur 61 régimes de PI en place dans 46 juridictions différentes en 2022. Quarante-trois régimes au total ont été jugés non dommageables, dont 26 après avoir été modifiés pour tenir compte du standard minimum de l'Action 5. Un régime (à Trinité-et-Tobago) a été jugé dommageable. Sept régimes étaient en cours de modification ou de suppression parce qu'ils n'étaient pas conformes au standard minimum de l'Action 5 du BEPS. Un régime est en cours d'examen car on ne sait pas encore s'il respecte le standard minimum de l'Action 5. Il peut en être ainsi des régimes de PI nouvellement mis en place et de ceux de juridictions qui viennent de rejoindre le Cadre inclusif.

Graphique 6.1. Statut des régimes de propriété intellectuelle en vigueur en 2023

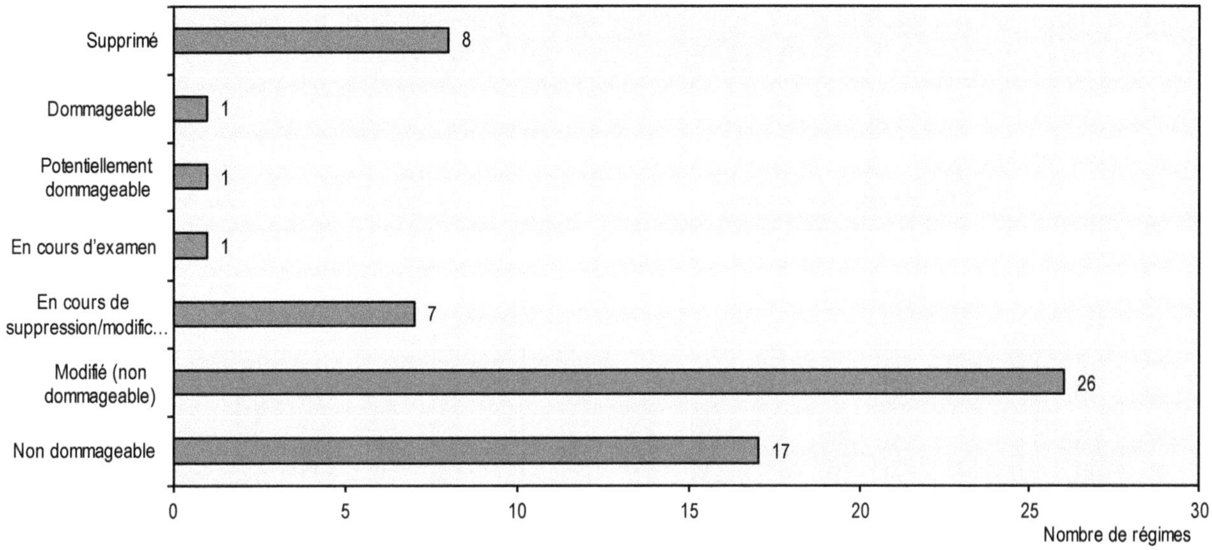

StatLink https://stat.link/htzqbc

Actifs éligibles et taux d'imposition réduits

Dans la base de données des statistiques de l'impôt sur les sociétés, les actifs éligibles au bénéfice des régimes de PI sont groupés en trois principales catégories : brevets, logiciels et catégorie 3. Ce sont les seules catégories d'actifs qui peuvent prétendre à des avantages tout en étant conformes au standard minimum de l'Action 5 : 1) brevets définis de façon large ; 2) logiciels protégés par des droits d'auteur ; et 3) dans certaines circonstances et uniquement pour les PME, autres actifs de PI qui revêtent un caractère inventif, utile et original. Le Rapport sur l'Action 5 exclut explicitement du bénéfice d'un avantage fiscal les revenus tirés d'actifs incorporels de commercialisation (comme les marques). Si un régime n'est pas conforme au standard minimum de l'Action 5, alors les actifs éligibles au bénéfice de ce régime ne peuvent pas relever des trois catégories autorisées.

Sur les 43 régimes jugés non dommageables, tous couvrent les brevets, 32 les logiciels et 19 des actifs appartenant à la catégorie 3. Les sept régimes qui sont en cours de suppression ou de modification ne restreignent pas le type de revenu pouvant prétendre à un taux réduit, encore que dans certains cas, ils ne s'appliquent qu'à certains secteurs d'activité ou types de revenu. La réduction du taux d'imposition des revenus de la PI varie d'un régime à l'autre, et certains régimes appliquent différents taux en fonction de facteurs tels que le type de revenu (redevances ou gains en capital, par exemple) ou la taille de l'entreprise.

Sur les 43 régimes jugés non dommageables, l'avantage fiscal accordé va d'une exemption intégrale à un allégement d'environ 40 % du taux d'imposition normalement applicable. L'allégement le plus fréquent atteint 50 %. Les taux réduits s'échelonnent entre 0 % (dans 13 juridictions) et 18.75 % (le régime préférentiel coréen pour le transfert, l'acquisition, etc. de technologies prévoit l'application aux revenus de la PI de taux réduits allant de 5 % à 18.75 %). Les sept régimes en passe d'être modifiés ou supprimés exonèrent l'intégralité des revenus de la PI.

Le Graphique 6.2. et le Graphique 6.3. montrent, pour chacun des 43 régimes de PI non dommageables, le taux réduit le plus bas accordé et le taux d'imposition autrement applicable. Le Graphique 6.2. présente les régimes jugés « non dommageables » et le Graphique 6.3. les régimes qui ont été modifiés afin de ne plus être plus jugés dommageables. Le taux d'imposition qui s'appliquerait en l'absence du régime désigne en général le taux normal légal d'imposition, mais n'inclut pas nécessairement certaines surtaxes ou certains impôts prélevés par les administrations infranationales. À l'instar du taux réduit, il peut aussi varier à l'intérieur d'une fourchette, par exemple si le taux normal légal dépend du montant des bénéfices. Aussi, les taux d'imposition qui figurent dans le graphique sont représentatifs et ne reflètent pas précisément l'intégralité des réductions d'impôt offertes dans chacun des régimes de PI.

Graphique 6.2. Taux réduits accordés par les régimes de PI non dommageables, 2023

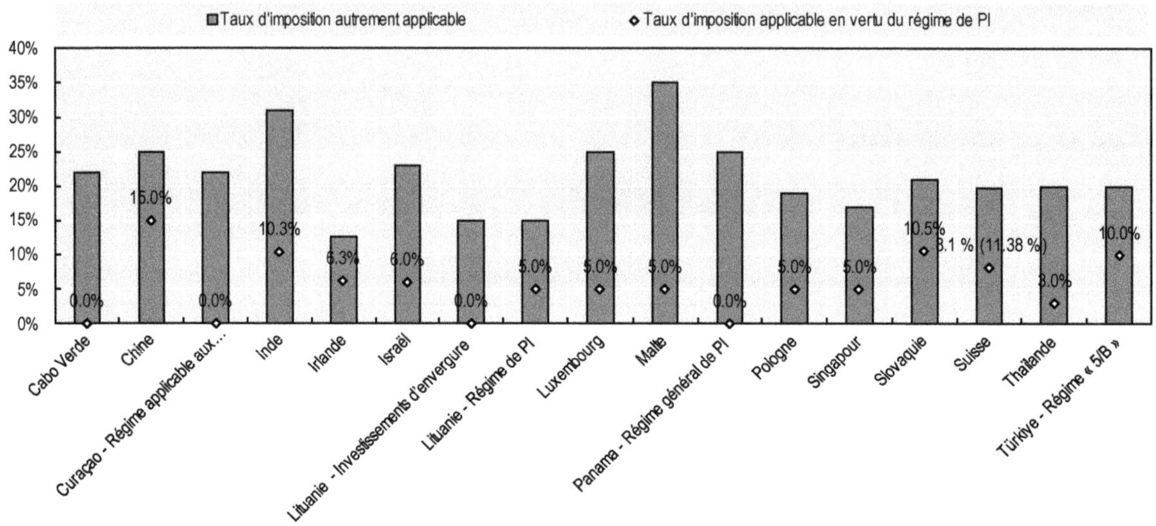

Note : En Suisse, les revenus de la PI qui remplissent les conditions requises peuvent être exonérés à 90 % de l'impôt cantonal. Cette exonération est cependant plafonnée : seuls 70 % du bénéfice total d'une entreprise (tiré de la PI ou non) peuvent être exonérés. Le canton de Zurich est le canton représentatif retenu. Le taux de 8.11 % s'applique en 2023 aux revenus de la PI éligibles au régime. Il ne s'applique que si la part restante du revenu de l'entreprise (revenu de la PI non éligible et autre revenu) soumis à un taux d'imposition plus élevé est suffisante pour que l'entreprise ne tombe pas sous le coup du plafond de 70 %. Si l'entreprise avait perçu un revenu de la PI tel que le plafond de 70 % se serait appliqué, le taux appliqué au revenu de la PI à Zurich augmenterait de manière constante, passant de 8.11 % à 11.39 % en 2023 (100 % du revenu tiré de la PI). Lorsque divers taux s'appliquent aux redevances et aux gains en capital, c'est le taux applicable aux redevances qui a été utilisé.

StatLink https://stat.link/w92dum

Graphique 6.3. Taux réduits accordés par les régimes de PI non dommageables (modifiés), 2023

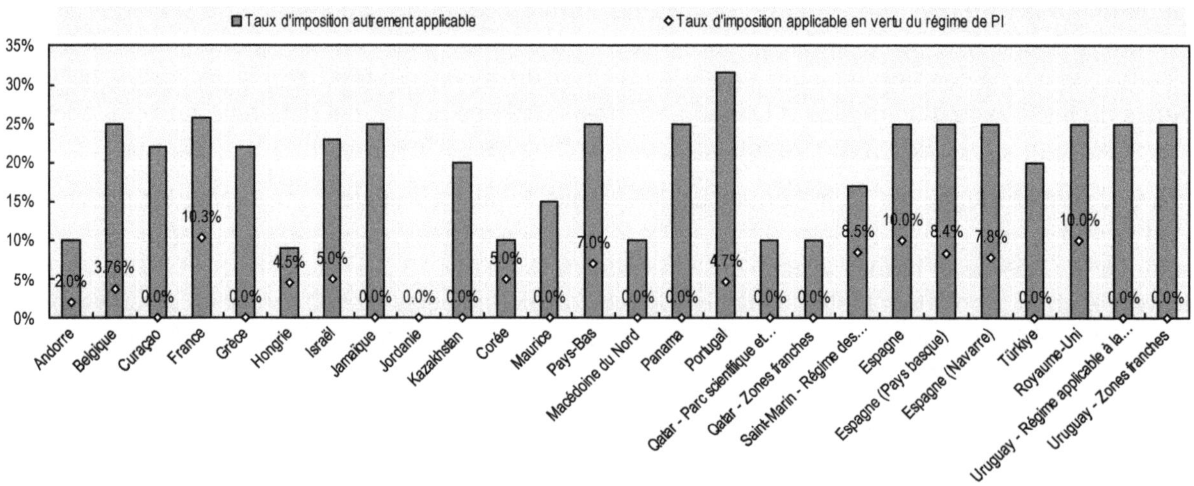

Note : Lorsque divers taux s'appliquent aux redevances et aux gains en capital, c'est le taux applicable aux redevances qui a été utilisé.

StatLink https://stat.link/naubp1

7 Taux des retenues à la source

Des impôts sont retenus à la source lorsque les entreprises effectuent des paiements à d'autres entités ou à des personnes physiques, nationales ou étrangères, par exemple sous la forme de dividendes, d'intérêts et de redevances. Les pouvoirs publics prélèvent ces impôts au taux légal ou au taux préférentiel prévu par une convention fiscale et exigent que les entreprises retiennent une fraction de ces paiements transfrontaliers au titre de la retenue à la source.

Les données relatives aux retenues à la source peuvent être utilisées pour mieux comprendre les décisions des entreprises multinationales (EMN) en matière d'investissement, de rapatriement, de structures financières et organisationnelles et autres questions en lien avec la politique fiscale. À titre d'exemple :

- les retenues à la source augmentent le coût du rapatriement des bénéfices réalisés à l'étranger, ce qui peut peser sur les décisions d'investissement des entreprises à la marge extensive (décisions d'investissement reposant sur un arbitrage entre deux ou plusieurs projets) ;
- les différences entre le taux de la retenue appliqué aux intérêts et celui appliqué aux dividendes, au sein d'une même juridiction et entre juridictions, peut influer sur les décisions des entreprises en matière de financement ;
- les impôts prélevés sur les paiements transfrontaliers augmentent le coût du capital et peuvent donc avoir une incidence sur les investissements à la marge intensive (incitation à accroître les investissements déjà réalisés dans un lieu donné) (Auerbach, Devereux et Simpson, 2008[1]).

Autre aspect important : les données relatives aux retenues à la source peuvent aussi apporter un éclairage sur certaines stratégies d'érosion de la base d'imposition et de transfert de bénéfices (BEPS), par exemple le chalandage fiscal ou la localisation stratégique de la dette et des actifs incorporels. La publication des taux des retenues à la source dans les Statistiques de l'impôt sur les sociétés a été envisagée dans le rapport final 2015 relatif à l'Action 11 du BEPS (OCDE, 2017[2]).

Informations générales sur les données

L'édition 2023 des Statistiques de l'impôt sur les sociétés présente pour la seconde fois une série de statistiques relatives aux retenues à la source. Cette série contient le taux des retenues frappant les dividendes, les intérêts et les redevances applicable au titre de l'exercice 2023. Les données ont été recueillies par l'intermédiaire d'un questionnaire rempli par des délégués présents à la réunion du Groupe de travail n° 2 qui s'est tenue au format du Cadre inclusif sur le BEPS (CI). Si nécessaire, ces renseignements ont été complétés à l'aide de sources d'information publiques. La série contient des données sur 119 juridictions au total, dont tous les membres de l'OCDE. À noter qu'il est fréquent que les taux de retenue de référence ne soient pas applicables aux opérations transfrontalières, en particulier lorsqu'une convention fiscale a été signée entre deux juridictions.

Taux des retenues à la source appliqués dans les différentes juridictions

Le Graphique 7.1. présente le taux légal moyen de retenue à la source visant les dividendes, les intérêts et les redevances dans les 119 juridictions couvertes. Celles-ci sont réparties entre trois groupes : juridictions à revenu élevé, juridictions à revenu faible ou intermédiaire, centres d'investissement.[1] Le Graphique 7.1. montre que le classement des taux légaux moyens de retenue à la source varie d'un groupe de juridictions à l'autre. Les pays à revenu faible ou intermédiaire appliquent, en moyenne, des retenues à la source plus élevées aux redevances tandis que les juridictions à revenu élevé et les centres d'investissement appliquent des taux plus élevés aux intérêts. Il est notamment possible de tirer les conclusions suivantes :

- **Dividendes :** dans les juridictions à revenu élevé, le taux légal de la retenue à la source sur les dividendes s'établit à 15.5 % en moyenne, soit un taux supérieur de 4.3 points à celui pratiqué par les juridictions à revenu faible ou intermédiaire (11.2 %) et environ trois fois plus élevé que celui en vigueur dans les centres d'investissement (5.2 %).
- **Intérêts :** dans les juridictions à revenu élevé, le taux légal de la retenue sur les paiements d'intérêts s'établit à 11.8 % en moyenne, contre 15.9 % dans les pays à revenu faible ou intermédiaire et 4.8 % dans les centres d'investissement.
- **Redevances :** les redevances sont soumises à une retenue à la source au taux légal de 15.6 % en moyenne dans les juridictions à revenu élevé et de 16.6 % dans les juridictions à revenu faible ou intermédiaire. Ces taux sont beaucoup plus élevés que le taux légal moyen constaté dans les centres d'investissement (3.6 %).

Graphique 7.1. Taux moyen de retenue à la source : dividendes, intérêts et redevances, 2023

Centres d'investissement, juridictions à revenu faible ou intermédiaire et juridictions à revenu élevé

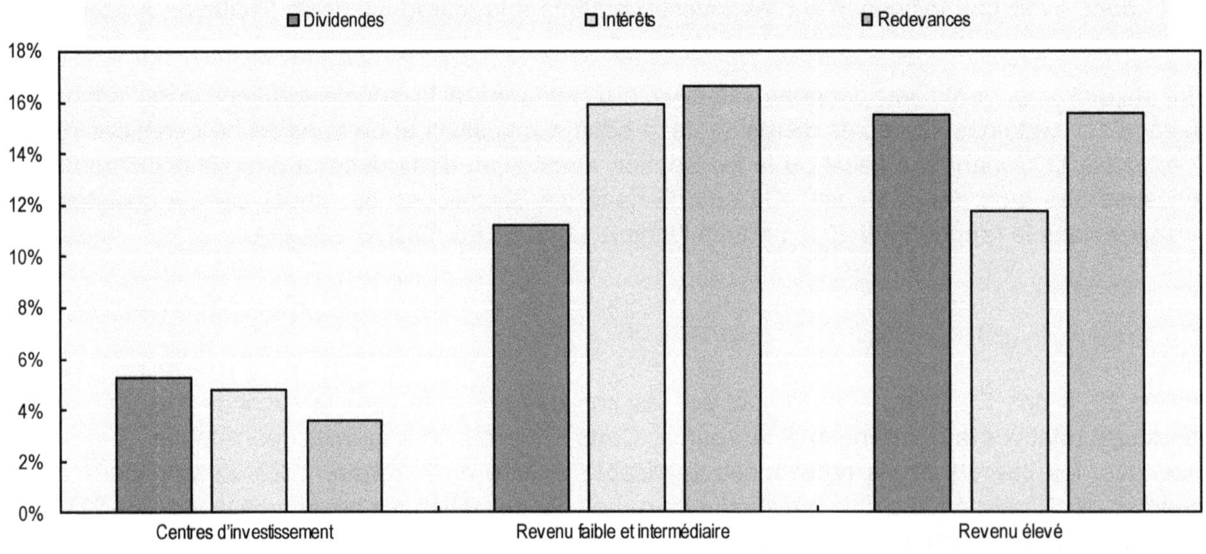

StatLink https://stat.link/gsywx3

Le Graphique 7.2. présente les ratios de densité des taux de retenue à la source dans les trois groupes de juridictions pour quatre fourchettes de taux. Ces ratios renseignent sur le nombre de juridictions qui applique le taux légal dans chaque fourchette par rapport au nombre total de juridictions couvertes par la série de données (ils sont exprimés en points de pourcentage). Ils sont présentés séparément pour chaque groupe de juridictions et pour chaque type de paiement transfrontalier. La partie A du Graphique 7.2.

présente la distribution des ratios pour les retenues à la source appliquées aux paiements transfrontaliers de dividendes. Les trois quarts des centres d'investissement représentés dans la série de données prélèvent la retenue à la source à un taux légal inférieur à 10 %. C'est le cas, entre autres, d'Anguilla (0 %), de Chypre (0 %) et de Singapour (0 %). Quelque 14 % appliquent une retenue à un taux légal compris entre 10 % et 20 %.

Parmi les autres juridictions figurent l'Irlande et la Suisse, qui soumettent les dividendes à une retenue au taux légal de 25 % et 35 % respectivement. Plus de la moitié des juridictions à revenu faible ou intermédiaire soumettent les dividendes à un taux légal compris entre 10 % et 20 %. Treize des 49 juridictions appartenant à ce groupe appliquent un taux légal inférieur à 10 % ; c'est en particulier le cas du Brésil (0 %) et du Pérou (5 %). La Jamaïque est la seule juridiction de ce groupe à soumettre les dividendes à un taux légal supérieur à 20 % (33.3 %). Une grande partie des juridictions à revenu élevé (environ un tiers) appliquent un taux légal inférieur à 10 %. C'est le cas du Royaume-Uni (0 %), de la Grèce (5 %) et de l'Uruguay (7 %), entre autres. Dans chacune des trois autres fourchettes de taux supérieurs à 10 %, le nombre de juridictions à revenu élevé est compris entre 9 et 12 par fourchette. Au sommet de la distribution, on trouve le Chili (35 %), la Tchéquie (35 %) et le Groenland (44 %). Comme souligné plus haut, ces taux ne tiennent pas compte d'éventuelles conventions fiscales.

Graphique 7.2. Ratios de densité des retenues à la source : dividendes, intérêts et redevances, 2023

Centres d'investissement, pays à revenu faible ou intermédiaire et pays à revenu élevé

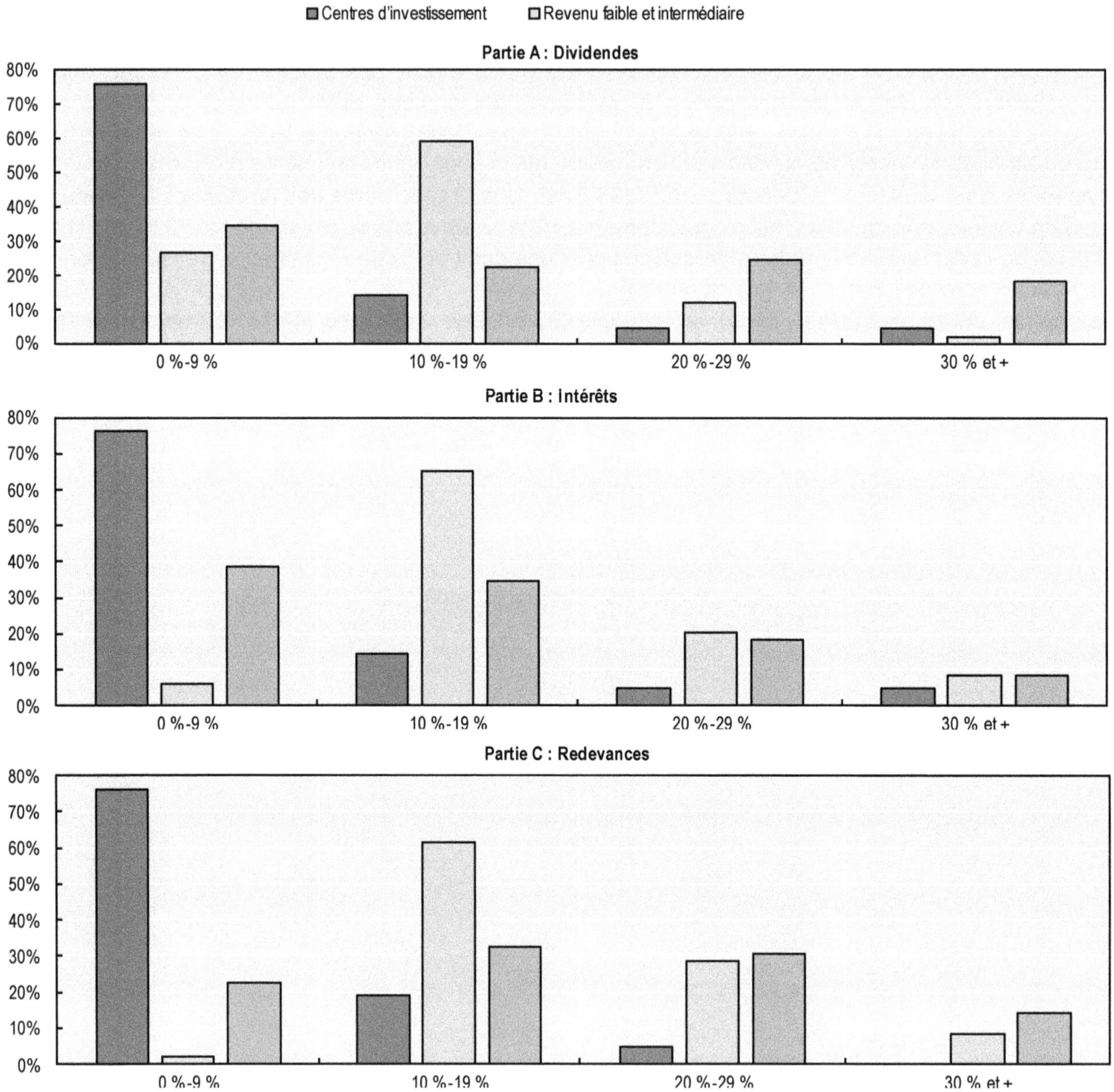

StatLink https://stat.link/37h2ym

La partie B du Graphique 7.2. illustre l'étagement des ratios de densité applicables aux paiements transfrontaliers d'intérêts. La majorité des centres d'investissement représentés dans la série de données (76 %) prélèvent une retenue à la source sur les intérêts à un taux légal inférieur à 10 %. C'est entre autres le cas des Bermudes (0 %), de Malte (0 %) et des Pays-Bas (0 %). La Suisse et l'Irlande sont, des cinq centres d'investissement restants, ceux qui se situent au sommet de la distribution des taux légaux (35.0 % et 20 % respectivement). Plus de 65 % des juridictions à revenu faible ou intermédiaire appliquent un taux compris entre 10 % et 20 %. Trois juridictions prélèvent une retenue à la source sur les intérêts à un taux légal inférieur à 10 % : le Paraguay (4.5 %), la Géorgie (5.0 %), et le Viet Nam (5.0 %). Quatre juridictions prélèvent une retenue à la source sur les intérêts de plus de 30 % : le Pérou (30.0 %), la Jamaïque

(33.3 %), l'Argentine (35.0 %) et le Mexique (35.0 %). Les juridictions à revenu élevé sont concentrées dans la partie inférieure de la distribution, 38.7 % d'entre elles appliquant un taux légal inférieur à 10 %. Plus haut dans la distribution, 34.7 % des juridictions imposent les intérêts à la source à raison d'un taux légal compris entre 10 % et 20 %, 22.5% à raison d'un taux légal compris entre 20 et 30 % et 8.1 % appliquent un taux supérieur à 30 %. Le Liechtenstein (0.0 %), Monaco (0.0 %) et la Suède (0.0 %) font partie des 19 juridictions à revenu élevé qui prélèvent un taux légal inférieur à 10 %. Le taux légal le plus élevé, qui atteint 35.0 %, est appliqué au Chili et en Tchéquie.

La partie C du Graphique 7.2. présente la distribution des ratios de densité pour la retenue à la source effectuée sur les paiements transfrontaliers de redevances. La plupart des centres d'investissement appliquent aux redevances un taux normal inférieur à 10 %. C'est notamment le cas de la Hongrie (0.0 %), de Jersey (0.0 %) et de Hong Kong, Chine (5.0 %). Les centres d'investissement qui se situent dans la partie supérieure de la distribution sont le Libéria (15.0 %), Maurice (15.0 %) et l'Irlande (20.0 %). Les redevances sont soumises à un taux légal compris entre 10 % et 20 % dans plus de la moitié des juridictions à revenu faible ou intermédiaire (61 %). Figurent à l'extrémité inférieure de la distribution de ce groupe la Géorgie et l'Inde, qui appliquent aux redevances des taux légaux de respectivement 5.0 % et 10 %. À l'autre extrémité de la distribution, on trouve le Pérou (30.0 %), la Jamaïque (33.3 %) et l'Argentine (35.0 %). Environ un tiers des juridictions à revenu élevé appliquent un taux légal compris entre 20 % et 30 %. Parmi celles qui prélèvent les retenues à la source les plus faibles, figurent Aruba (0.0 %), les Émirats arabes unis (0.0 %) et la Lettonie (0.0 %). La Belgique (30.0 %), l'Italie (30.0 %) et les États-Unis (30.0 %) font partie des sept juridictions de cette catégorie qui appliquent aux redevances un taux légal au moins égal à 30 %.

Taux conventionnels de retenue à la source

Les conventions fiscales bilatérales peuvent jouer un rôle crucial lorsqu'il s'agit d'encourager et de favoriser l'établissement de liens économiques entre les pays. Leur contribution se concrétise par l'abaissement d'obstacles de nature fiscale aux échanges de services transfrontaliers, au commerce et à l'investissement, que permettent les mesures visant à éviter la double imposition et l'imposition excessive, par une protection contre un traitement fiscal discriminatoire de l'investissement étranger et par l'assurance aux contribuables d'une plus grande sécurité juridique concernant le traitement fiscal qui leur sera appliqué.

La limitation des prélèvements à la source qui peuvent être appliqués à certains revenus fait partie des moyens d'atteindre certains de ces objectifs grâce aux conventions bilatérales. La présente section contient des données sur les conventions fiscales conclues entre les juridictions couvertes par la base de données ainsi que des détails supplémentaires sur les taux des retenues à la source sur les dividendes, les intérêts, les royalties ou redevances techniques qui sont appliqués en tant que retenue à la source finale.[2]

Le nombre de conventions a fortement augmenté ces dernières années dans les 131 juridictions représentées dans la série de données : on dénombrait 1000 conventions seulement entre ces pays en 1990 alors que le chiffre atteint en 2023 est de près de 4500 Graphique 7.3. . On assiste toutefois depuis quelques années à une stabilisation de cette dynamique de multiplication des conventions fiscales : 36 nouvelles conventions seulement ont été ajoutées dans la base de données sur la période 2017-2023.[3] L'augmentation modeste du nombre de nouvelles conventions bilatérales pendant cette période n'induit pas qu'il n'y a pas encore eu d'importants changements concernant les conventions ; de nombreux pays ont par exemple signé l'IM et un grand nombre de conventions ont été modifiées par voie de protocole.

Il ressort de l'examen des données que les pays non membres de l'OCDE signent moins de conventions que les pays membres. Le Graphique 7.4. met en évidence le fait que les pays de l'OCDE signent en moyenne un nombre plus élevé de conventions que les juridictions membres du CI d'Afrique et d'Amérique latine et des Caraïbes, régions qui comptent par ailleurs davantage de juridictions non membres de l'OCDE. Bien que tous les groupes aient enregistré une forte croissance du nombre moyen de conventions fiscales, ce mouvement a été plus ample dans les pays de l'OCDE. Les données attestent que les taux conventionnels de retenue à la source sont sensiblement plus bas que les taux applicables en vertu du droit interne. Globalement, le Graphique 7.5. fait apparaître qu'en ce qui concerne les taux conventionnels de retenue à la source, une forte majorité de taux se situe en dessous de 5 %.

Graphique 7.3. Nombre de conventions bilatérales, 1990-2023

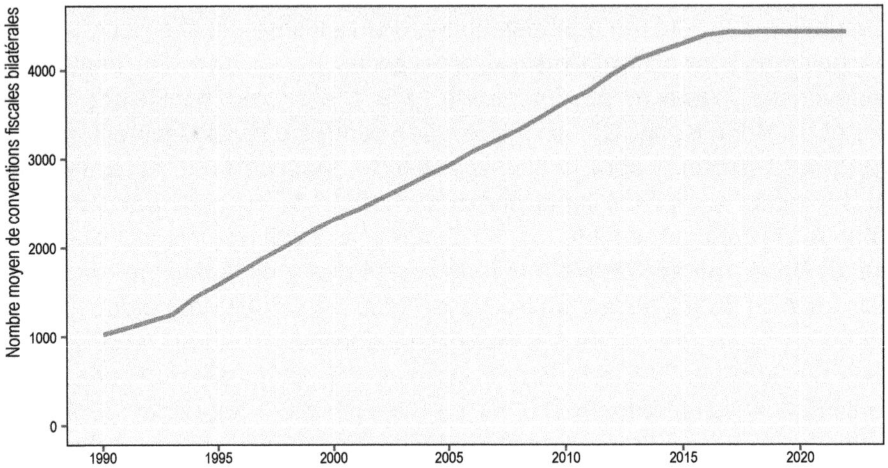

Note : Les données sont fondées sur les conventions bilatérales déclarées par 131 juridictions membres du CI, plus une autre. La base de données fait uniquement référence aux conventions fiscales bilatérales. Les conventions multilatérales ne sont pas prises en compte. D'autres accords à caractère fiscal, comme les accords d'échange de renseignements fiscaux, ne sont pas non plus comptabilisés. Seules les conventions en vigueur sont prises en considération.
Source : Base de données de l'OCDE sur les conventions fiscales bilatérales

StatLink https://stat.link/ax3i75

Graphique 7.4. Nombre moyen de conventions, par région

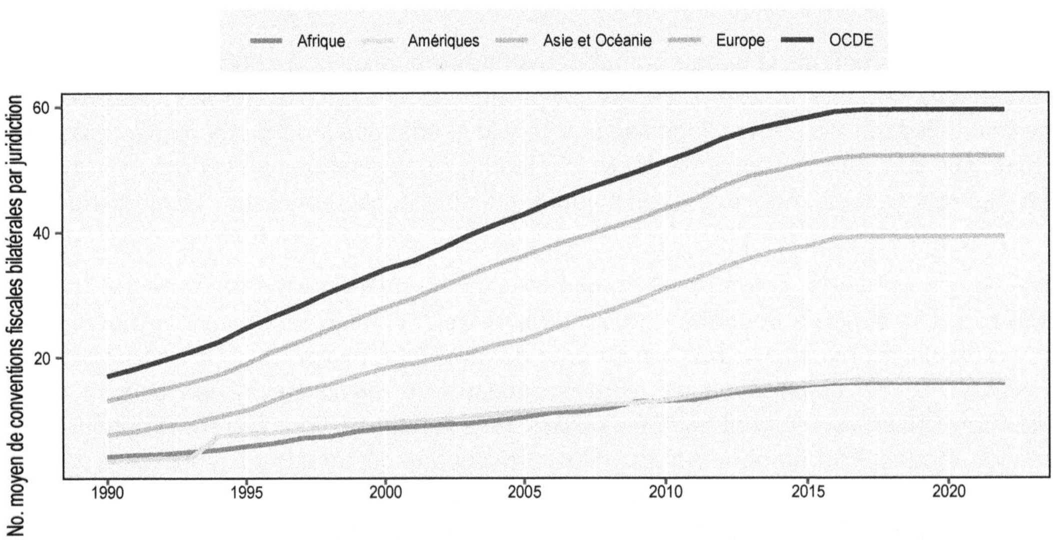

Note : Les données sont fondées sur les conventions bilatérales déclarées par 131 juridictions membres du CI. La base de données fait uniquement référence aux conventions fiscales bilatérales. Les conventions multilatérales ne sont pas prises en compte. D'autres accords à caractère fiscal, comme les accords d'échange de renseignements fiscaux, ne sont pas non plus comptabilisés. Seules les conventions en vigueur sont prises en considération.
Source : Base de données de l'OCDE sur les conventions fiscales bilatérales

StatLink https://stat.link/runajw

Graphique 7.5. Taux conventionnels moyens de retenue à la source

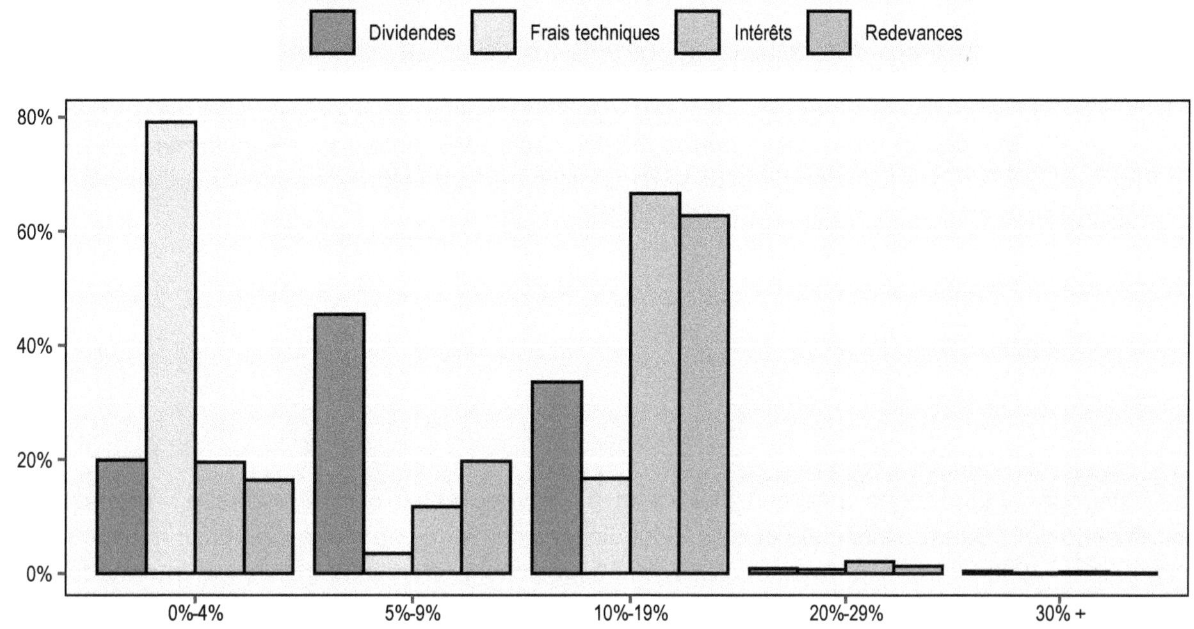

Note : Les données sont fondées sur les conventions bilatérales déclarées par 131 juridictions membres du CI. La base de données fait uniquement référence aux conventions fiscales bilatérales. Les conventions multilatérales ne sont pas prises en compte. D'autres accords à caractère fiscal, comme les accords d'échange de renseignements fiscaux, ne sont pas non plus comptabilisés. Seules les conventions en vigueur sont prises en considération. Pour chaque catégorie de flux de paiement, les conventions existantes qui ne précisent pas le taux de la retenue à la source applicable, et partant, donnent lieu à des valeurs manquantes, ne sont pas prises en compte dans ce graphique. Lorsqu'une convention fiscale prévoit différents taux applicables en fonction de pourcentages de participation spécifiés, la valeur entrée correspond au pourcentage de participation le plus élevé.
Source : Base de données de l'OCDE sur les conventions fiscales bilatérales

StatLink https://stat.link/5budcg

Bibliographie

Auerbach, A., M. Devereux et H. Simpson (2008), *Taxing Corporate Income*, NBER Working Papers, https://www.nber.org/papers/w14494 (consulté le 18 février 2023). [1]

OCDE (2017), *Mesurer et suivre les données relatives au BEPS, Action 11 - Rapport final 2015*, Projet OCDE/G20 sur l'érosion de la base d'imposition et le transfert de bénéfices, Éditions OCDE, Paris, https://doi.org/10.1787/9789264282711-fr. [2]

Notes

[1] Les catégories « juridictions à revenu élevé » et à « revenu faible ou intermédiaire » reposent sur la classification de la Banque mondiale et les 119 juridictions couvertes se répartissent comme suit entre ces catégories : 49 juridictions à revenu élevé et 49 juridictions à revenu faible ou intermédiaire. Les catégories « faible revenu » et « revenu intermédiaire » ont été fusionnées en raison du petit nombre (deux) de juridictions à faible revenu représentées dans la série de données. Les centres d'investissement, constituant le troisième groupe, sont des juridictions dont le stock total d'investissement direct étranger (IDE) entrant dépasse 150 % du produit intérieur brut (PIB) et ce troisième groupe comprend 21 juridictions.

[2] Cela signifie que les paiements ne sont pas effectivement liés à la présence d'un établissement stable dans une juridiction appliquant une retenue à la source.

[3] L'analyse ne tient pas compte des mises à jour ou des modifications de conventions. Les données ne prennent pas non plus en considération les instruments fiscaux bilatéraux qui ne portent pas modification des retenues à la source, tels que les accords d'échange de renseignements relatifs aux contribuables.

www.ingramcontent.com/pod-product-compliance
Ingram Content Group UK Ltd.
Pitfield, Milton Keynes, MK11 3LW, UK
UKHW051644031026
15588UKWH00007B/1309

9 789264 358638